COMER O LIVRO

Ritos alimentares e função paterna

GÉRARD HADDAD

COMER O LIVRO

Ritos alimentares e função paterna

TRADUÇÃO
Procopio Abreu

EDITOR
José Nazar

Companhia de Freud
editora

Título Original
Manger le Livre

Direitos de edição em língua portuguesa adquiridos pela
Editora Campo Matêmico
Proibida a reprodução total ou parcial

Editoração Eletrônica
FA - Editoração Eletrônica

Tradução
Procopio Abreu

Revisão
Sandra Regina Felgueiras

Capa
Renata Aguiar

Editor Responsável
José Nazar

Rio de Janeiro, 2004

FICHA CATALOGRÁFICA

H144c
Haddad, Gérard, 1940-
[Manger le Livre. Português]
Comer o Livro : ritos alimentares e função paterna / Gérard Haddad ; tradução : Propcopio Abreu. – Rio de Janeiro : Companhia de Freud, 2004.

196 p. ; 23 cm

Tradução de : Manger le Livre : rites alimentaires et fonction paternelle

ISBN 85-85717-80-7

1. Judaísmo e psicanálise. 2. Judeus – Leis dietéticas – Aspectos psicológicos. I. Título.

CDD-150.1952

Companhia de Freud
editora

Endereço para Correspondência
Rua da Candelária, 86 - 6º andar
Tel.: (21) 2263-3960 • (21) 2263-3891
Centro - Rio de Janeiro
e-mail: ciadefreud@ism.com.br

Índice

A Antonietta

"Interrogai, pois, e olhai. Desde quando machos geram
filhos?
Por que vi todos os homens levarem as mãos aos quadris
como que para parir e todos os rostos se tornarem verdes?
Ah! quanto temor esse dia igual a nenhum outro!".

JEREMIAS, XXX.

Posição do problema

O mito do complexo de Édipo é um sonho de Freud, sonho que ainda está por ser decifrado. No fim de sua obra, Lacan assim apresentava a ponta extrema da crítica que ele fazia às teorias freudianas[1]. Freud preferiu essa forma mítica a uma abordagem direta da questão paterna, contornando assim a terrível prova de um confronto com a El-Schaddaï, a religião de seus pais, armação intelectual à qual, embora incrédulo, estava ligado por todas as fibras de sua alma.

Foi desse ponto, onde mais ou menos Lacan terminou, que tivemos que partir, que nos assegurar num primeiro tempo da isomorfia da psicanálise e do Midrach. Essa verificação ultrapassa toda espera e o recuo permite doravante afirmar, numa fórmula de estilo leniniano: a psicanálise é o Midrach mais a castração. Nossa obra anterior havia desenvolvido até que ponto a *técnica* psicanalítica, essa arte de ler no discurso do paciente, não passava, estranhamente, da volta maciça do antigo Midrach judeu, renegado, incompreendido mesmo entre os judeus "esclarecidos", voltando no rastro do médico vienense para trabalhar, sacudir bem no fundo de sua alma todo pensamento moderno sobre o homem.

Esse ponto de ancoragem reforçado torna-se ponto de partida para a decifração do sonho freudiano.

---

[1] J. Lacan, *Le Séminaire livre XVII, l'Envers de la psychanalyse*, 1969-1970, Paris, 1991, Éd. du Seuil.

Que caminho tomar? Sempre o mesmo, aquele que define o homem como ser falante. Com efeito, por mais longe que o exploremos, todo fato humano sempre revela uma trama de linguagem, princípio doravante aceito desde as primeiras pacientes inspiradas de Freud, que lhe revelaram a estrutura em "estúpido jogo de palavras" do sintoma neurótico, desde que o pensamento estrutural, engolfando-se nessa brecha, generalizou seu alcance.

Esse domínio da linguagem sobre o homem é tão íntimo, tão profundo, tão precoce que de imediato uma questão dele brota: como a linguagem chega ao homem, por que estranho mecanismo escorre ela tão estreitamente na túnica de Nessus da estrutura?

Existe aí determinismo biológico? Sem negar a existência desse fator, está bem claro que ele se revela insuficiente. O caso de um Victor o estabeleceu há mais de um século. A linguagem não advém de um inatismo, mas de uma alteridade que apreende o humano desde a sua irrupção na vida. A linguagem chega a um sujeito dada pelo grupo em que ele nasce, sob a particularidade de uma língua, dita materna. Ei-lo por aí mesmo preso numa articulação com um grupo cultural em que ele encontra, com a particularidade de sua linguagem, sua inserção no mundo e em suas categorias de pensamento, nó definitivo que só a morte vai desfazer.

Assim a nossa questão: como a linguagem chega ao homem, vai prender em seu laço esta outra grave questão, da relação do indivíduo com o grupo? Ela projeta no horizonte esse enigma excluído de seu campo pela lingüística, o da origem da própria linguagem. Por suas diferentes conexões, não estaria ele fornecendo um fio de Ariadne para uma leitura renovada de Freud, de seus primeiros escritos sobre a afasia a seu derradeiro *Moisés?*

Dele esperamos uma luz nova para de novo centrar a função paterna, cujo enigma o judaísmo, mais que qualquer outra cultura, guarda.

***

Freud costumava lembrar em seus escritos, do primeiro ao último[2], que o ser humano era difásico. Sua sexualidade, por exemplo, só era adquirida num processo em dois tempos, bem afastados: a primeira infância, a idade adulta.

Essa observação também vale para sua obra, que apresenta uma profunda inflexão, momento dialético de seu desenvolvimento e não ruptura, cuja data podemos situar no ano de 1906, que viu tantas outras mudanças científicas e políticas.

Um primeiro tempo, portanto, 1895-1905. Freud descobre o Inconsciente, essa alteridade linguageira que divide todo sujeito em duas cenas, aquela de que os filósofos tinham explorado os mínimos recônditos, a consciência, e uma outra, radicalmente separada. Dessa "Outra cena" ele explora os principais mecanismos, abre as grandes vias de acesso, fornece aos que querem segui-lo um modo de usar perfeitamente codificado: livre associação, divã, poltrona, mas também uma técnica de interpretação. O acento, então, é colocado na singularidade do sujeito, isolado, ou quase, do tecido social, reduzido à sua intimidade, ao círculo familiar, com esta descoberta inaudita: o interdito do incesto é a mola propulsora de todo drama individual.

Outro que Freud poderia ter-se contentado em gerenciar a enorme descoberta, polir-lhe as imperfeições, pela única razão de que tais avanços costumam esgotar o espírito onde nascem. No rastro desse primeiro tempo, marcado pela decifração da histeria, a psicanálise poderia ter permanecido uma disciplina dedicada ao indivíduo, a seu privado.

Desde 1906, Freud sentia estar sendo chamado em outro lugar. Já em seus primeiros passos, entre 1893 e 1895, ele se entregou com uma espécie de urgência a uma operação aparentemente secundária: na bagunça da psiquiatria de então, ele tenta estabelecer uma classificação mais segura do campo das neuroses, ao definir uma nova classe nosográfica, a *Zwangsneurose* ou neurose obsessiva, até ali mergulhada

---

[2] S. Freud, *Abrégé de psychanalyse*, in *S. E.*, vol. XXIII. (As referências a Freud remetem, ao longo da obra, às *Obras completas* em língua inglesa, *Standard Edition (S. E.)*, Londres, 1974, 1975, 1978, Hogarth Press.)

numa impenetrável confusão em que “loucura da dúvida”, “monomania”, “delírio do tato” recobrem tanto afecções psicóticas graves quanto manifestações neuróticas. Essa entidade nova, talhada por ele, vai se tornar seu objeto de estudo privilegiado ao mesmo tempo que decresce seu interesse pela histeria.

O estudo dessa neurose obsessiva, que ele vai por vezes chamar antisocial, vai conduzi-lo justamente à articulação que liga o sujeito ao grupo, por onde justamente a linguagem lhe chega. Um modesto artigo, *Ações obsedantes e práticas religiosas*[3], dá a primeira baliza dessa virada ao estabelecer a analogia, tornada tão célebre quanto mal compreendida, entre ritual religioso e obsessão, serve de prefácio aos importantes remanejamentos que Freud trará para a sua doutrina.

Essa noção de duas etapas na teoria freudiana é um dado bem conhecido. Os autores analíticos costumam nomeá-las primeira e segunda tópicas. Queremos, no entanto, introduzir um elemento novo, desenvolvendo nossa tese de um diálogo mascarado entre Freud e sua religião como alicerce desconhecido de sua obra, afirmando que cada uma dessas duas tópicas corresponde às duas grandes vertentes da cultura judia: *Haggada* (ou Midrach) e *Halacha.*

O primeiro tempo do pensamento de Freud vê as núpcias veladas de Freud e do Midrach, o achado conquistador da letra, a fantasia dos anagramas e dos ditos espirituosos, os pequenos relatos que renovam o conjunto[4]. Não há dúvida de que esse primeiro tempo está marcado por uma espécie de felicidade de escrita, por um entusiasmo de descobridor, mas também por uma grande solidão.

Nosso esforço presente deseja mostrar que a segunda tópica recobre em parte esse encontro inevitável, mas profundamente fracassado, entre Freud e a *Halacha*, isto é, esse ramo dominante da literatura judia que estabelece a um só tempo e indissoluvelmente o ritual religioso e a legislação social, a regulamentação das relações do indivíduo com o semelhante e, por conseguinte, com o grupo.

---

[3] S. Freud, *Actions obsedantes et pratiques religieuses*, in *S. E.*, vol. IX.

[4] Esse aspecto foi, portanto, objeto de nossa obra anterior.

Esta tese, enunciada em sua rudeza, surpreende. A argumentação que a sustenta será progressivamente desdobrada. A operação nos promete, além de um ganho teórico, um interesse clínico e (não enrubesçamos!) terapêutico.

PRIMEIRA PARTE

O Pai freudiano em questão

1

Da lei do pai ao respeito do irmão

O obsessivo é aquele homem ou aquela mulher de quem certos atos da vida parecem misteriosamente parasitados por uma atividade excessiva, estúpida, desprovida de qualquer razão para aquele mesmo que é por ela afetado.

Nos dez anos que seguem seu primeiro balizamento, Freud redige poucos escritos sobre a questão até esse artigo de 1906 sobre os rituais. Mas, então, a ele dedica o essencial de sua energia, fazendo-o seguir-se imediatamente destes textos famosos sobre "o erotismo anal", "o homem dos ratos" e, coroando o conjunto, a obra *Totem e tabu*. A ofensiva doravante é levada em todas as frentes. O lugar inaugural do texto sobre os rituais justifica, portanto, que nele nos demoremos.

Um segundo acontecimento encontra-se marcado nessas páginas. Ao escrevê-lo, Freud aborda publicamente, pela primeira vez, uma questão à qual dá muita importância: a religião, até aqui pudicamente recoberta pelo termo "complexo de Édipo".

Há apenas alguns meses, Freud tem seu primeiro aluno de prestígio, Jung – ele também fascinado pelas questões religiosas –, e este vai a Viena para um primeiro encontro com o mestre, que o convida para as reuniões das quartas-feiras e faz diante dele uma exposição, precisamente a leitura de nosso artigo. Uma maneira de indicar ao aluno – cujas tendências místicas tinham sido notadas – a boa maneira para avançar naquele campo. Qual?

Freud tinha adquirido um importante conhecimento sobre a obsessão sem tê-lo ainda entregado ao público. Tinha decifrado seus ritos estúpidos e estabelecido que cada um de seus elementos remetia a uma significação inconsciente, uma estrutura de linguagem. Tal mulher, por exemplo, que só podia se sentar num único assento, confessava assim seus votos de ter amantes que a consolariam de um casamento infeliz. Ao mesmo tempo, os ritos obsessivos revelam uma "consciência inconsciente de culpa": o obsedado espera a cada momento um terrível castigo por suas tentações de natureza sexual. Seu ritual já é um início de expiação, ou antes, um compromisso entre tentação e expiação. Acontece que esse saber, brevemente lembrado, está por inteiro apenso a um termo: *cerimonial*.

A boa maneira que Freud indica consiste em notar que esse mesmo termo também é incontornável num outro campo, cuja autonomia, do ponto de vista da psicopatologia, ele mesmo sublinha, a religião. Essa dupla ocorrência de um mesmo termo o leva a tentar uma estranha operação, que deveria surpreender, escandalizar nossos modos de pensamentos mais bem estabelecidos: transferir, por causa dessa mesma palavra, seu saber do campo da psicopatologia para o da religião. Nem toda a epistemologia do mundo poderá encontrar razão filosófica para essa operação. Um exame superficial deixaria supor que a operação equivale a uma analogia. Trata-se, no entanto, de outra coisa que do "*a* está para *b* como *c* para *d*" aristotélico.

Identificada essa operação uma primeira vez, não tardamos a encontrá-la novamente em múltiplas oportunidades, no texto anterior sobre as lembranças-telas [lembranças encobridoras], mais tarde em cada momento crítico da obra freudiana. Logo ela aparece como *o próprio operador* dos desenvolvimentos, da ampliação progressiva de todo o pensamento freudiano[1].

Acontece que essa operação existe tal qual no Midrach e no Talmude, talvez a mais eminente regra de interpretação: a *gezera chava*, "mesmas regras", em relação à qual propusemos o termo *transferência significante* para designar sua generalidade tanto talmúdica, psicanalítica quanto antropológica.

Ela talvez constitua o empréstimo mais maciço feito por Freud ao Midrach, com a regra de contigüidade dos enunciados, ou *semikha*, de que ela, aliás, constitui a generalização.

O interesse da transferência significante operada entre obsessão e religião não é de ressaltar, como faria a analogia, suas semelhanças fenome-

[1] Para maior clareza, ler aqui o texto dado em Anexo, p. 181.

nológicas – mesmo remorso quando o cerimonial é omitido, mesma meticulosidade na execução – e sim de penetrar em sua significação. Ela permite formular duas propostas decisivas: já que o ritual obsessivo possui significações inconscientes – é também o caso do ritual religioso –, já que a obsessão decorre do recalque de uma pulsão, a religião corresponde a um mecanismo análogo, a uma tentativa de compromisso entre voto culpado e interdição recalcante.

Deve-se por isso identificar as duas estruturas como alguns fariam? Evidentemente que não. Com efeito, como assimilar as grandes manifestações sociais, públicas, coletivas do cerimonial religioso ao ritual solitário, secreto, associal do obsedado?

Nesse ponto, Freud dá um passo importante, anunciando o essencial de sua obra futura: a pulsão recalcada nos dois casos é de natureza diferente. O neurótico recalca uma *pulsão sexual*, não se resigna em seu inconsciente ao interdito do incesto; a religião, esta, recalca uma *pulsão do eu* [*moi*], egoísta, impõe um interdito às tendências anti-sociais, mortíferas, ao enunciar: "Não matarás!". Freud apreende em algumas palavras – encontrando o estilo do grande Hillel – o essencial do fato religioso, este imperativo do "Amarás a teu próximo como a ti mesmo", no ponto onde brota o ódio mais extremo.

A noção fundamental do *narcisismo* – embora o termo ainda não seja pronunciado – assim emergiu nessa reflexão sobre o fato religioso. Daqui por diante, Freud vai sustentar contra tudo e contra todos – contra Jung em particular – o princípio de duas libidos: uma sexual, a outra egóica, narcísica, agressiva, cada uma encontrando um interdito específico. O primeiro tempo da psicanálise explorou as conseqüências deste dito fundamental: "A mãe e sua progenitura vão ser separadas pelo interdito do incesto". Seu segundo tempo se propõe a explorar as de um segundo dito fundamental, "Não matarás", regrando as relações do indivíduo com os semelhantes, os irmãos, por extensão com a sociedade.

Doravante, o vínculo antagônico que liga cada um ao grupo vem para a frente do palco. Ali avançando, Freud não podia deixar de encontrar a *Halacha*, que justamente tem por objeto regrar essa relação.

Do primeiro tempo ao segundo resta elucidar sua articulação; como, a partir da castração operada pelo pai, o respeito pelo irmão pode ser deduzido. Trata-se de um simples paralelismo, como sugerem as duas tábuas da Lei mosaica, ou este esconde um nó secreto?

Para desenvolver as intuições esboçadas nesse artigo sobre o ritual bem como para responder às questões deixadas em suspenso, Freud redige quatro anos mais tarde *Totem e tabu*, com a ambição confessada de resolver o enigma derradeiro da religião e do grupo que ela funda.

A conjuntura de então, até mesmo a moda o solicitam. Le Bon, na França, havia publicado quinze anos antes sua *Psicologia das massas*; Wundt, na Alemanha, psicólogo acadêmico notório, tenta uma explicação do grupo pela psicologia individual; Jung pensa encontrar na alma de cada um os arquétipos culturais de um inconsciente coletivo. Na equação

$$\text{sujeito} \rightleftarrows \text{grupo}$$

cada um insiste, conforme seu pendor, numa ou noutra das duas relações. Freud, este, quer apreender-lhe a dialética nesse *Totem e tabu*, momento-chave na história da psicanálise, o de uma tentativa de aliança estratégica entre seu saber e a antropologia, ciência dos grupos humanos. Aliança tempestuosa, que no entanto devia fecundar uma e outra disciplinas, fornecendo à cultura alguns de seus momentos fortes, debates de grande alcance como os que reuniram ontem, sob nossos céus, Lacan, Lévi-Strauss e Jakobson. – E se a pasmaceira de hoje proviesse em parte de uma distensão dessa aliança?

Resta esclarecer esse interesse de Freud pela antropologia, esse paradoxo de apelar para os povos mais primitivos para a explicação das religiões mais evoluídas e da psicologia dos modernos neuróticos.

Temos de voltar a nossa premissa: “O mito edipiano é um sonho de Freud a ser interpretado como evitação”. A esse respeito, *Totem e tabu* é certamente a exposição mais completa do manifesto desse sonho – com a construção doravante famosa do gorila primitivo morto por seus filhos que, tomados de remorsos, em vez de se matarem fraternalmente, aceitam *a posteriori* a lei daquele que acabam de matar, construção em que Freud articula estreitamente os dois interditos, do incesto e do assassinato do irmão. Nesse sonho, a etnologia ocupa lugar privilegiado.

As primeiras linhas da obra talvez nos ofereçam um início de explicação, em forma de paralelo, desse tropismo. "Os homens primitivos", ali se lê, "representam uma fase anterior, bem conservada, de nosso próprio desenvolvimento[2]", uma conservação da *infância* da civilização. Uma comparação se impõe, portanto, com a psicologia dos neuróticos tal como a psicanálise a revela, já que precisamente esta sublinha a importância da *infância* na constituição do sintoma. Não encontramos de novo aquele procedimento discursivo de que Freud, segundo nós, gostava particularmente, a *gezera chava*, aqui efetuada sobre o termo *infância*? Freud esperava, por essa transferência significante, dar um passo decisivo em sua compreensão dos obsessivos, mas também, inversamente, decifrar a enigmática origem da religião, que se confunde com a do homem.

Além disso, a etnologia, então, parecia uma ciência acabada, que teria descoberto sua lei da gravitação com uma teoria-chave, a do *totem*: os povos primitivos organizam-se em clãs ou segmentos, cada um possuindo um totem, isto é, um animal ou uma planta que os membros do clã imaginam ser seu ancestral. Esse princípio totêmico organiza, entre outras, as trocas matrimoniais, a exogamia, mas também um certo número de ritos e de interditos, como o de *comer* o totem.

Essa teoria totêmica parecia ter chegado à sua perfeição, quando J. G. Frazer, naquele ano de 1910, publicou um compêndio considerável e definitivo, talhado no granito da observação: *Totemismo e exogamia*. Baseando-se nele, Freud achou possível responder, enfim, à enigmática questão: o que é um pai?

Assim, progressivamente, entendemos melhor seu interesse pela etnologia.

Só que um fenômeno bem excepcional na história das idéias aqui se produziu. É decerto comum que uma teoria científica envelheça com o tempo, que outra a suplante, a generalize, integrando a sua parte de verda-

---

[2] S. Freud, *Totem e tabu*, in *S. E.*, vol. XIII, p. 1.

de. O totemismo, que nada, segundo Freud, devia contradizer, não se contentou em envelhecer. Ele se revelou, e bem rápido, segundo a expressão de Lévi-Strauss, uma "pura fantasia" projetada pelos antropólogos europeus sobre os primitivos. Não há totemismo, mas "ilusão totêmica[3] " dos antigos etnólogos. Tylor, Goldenweiser, Murdock, Boas estavam certos.

Assim, a chave de abóbada onde Freud quis pendurar definitivamente a sua teoria do pai revela-se fumaça. Ainda mais perturbador, a crítica definitiva dessa noção pelos autores citados se fez com ele ainda vivo, disso encontramos até o rastro em *Totem e tabu*. Mas Freud recusou-se obstinadamente a levá-la em consideração.

Ele em breve vai repetir a mesma teimosia com *Moisés e o monoteísmo*, cuja idéia lhe veio ao ler a obra de um crítico bíblico, Sellin, que afirmava que os hebreus haviam matado Moisés. Embora o mesmo Sellin tivesse publicamente afirmado que se enganou em sua interpretação de certas passagens bíblicas, Freud vai permanecer inabalável. Como para a ilusão totêmica, ele agora precisava manter a mesma ficção: o assassinato real do pai primitivo. Essa teimosia "neurótica", afirmará Lacan, é o elemento decisivo que permite sustentar a hipótese: *Totem e tabu* era o sonho de Freud e deve ser lido como tal. Este livro é essa tentativa de leitura.

Por um breve instante, vamos nos espantar que um fato tão maciço, o desabamento da hipótese totêmica, não tenha emocionado ainda mais os sucessores de Freud, Lacan excetuado, que optaram por um silêncio constrangido, duplicado pelo abandono, na prática, do papel do Édipo. Que lugar ocupa, com efeito, nas curas dos pós-freudianos, esse *shibboleth* da psicanálise? A resposta é notória: nenhum. Tendo por correlativo a perda do gume da prática.

Antes de abordar o necessário exame de *Totem e tabu*, examinemos por um breve instante o conteúdo dos outros escritos de Freud do mesmo período (1911-1913)[4], em busca do *latente* guardado pelo *manifesto* do "sonho totêmico".

---

[3] C. Lévi-Strauss, *le Totémisme aujourd'hui*, Paris, P.U.F., 1962.

[4] De acordo com o método de leitura metonímico que preconizamos em nosso Anexo.

Período fecundo em que Freud estabelece, através do caso Schreber, sua teoria da psicose, questão que mantém as mais estreitas conexões com nosso presente assunto, mas que não podemos aqui abordar sem tornar muito pesado nosso procedimento. Nele notamos também numerosos textos circunstanciais, transcrições de conferências lembrando pontos de doutrina ou de técnica, desenvolvimentos importantes sobre a teoria da neurose obsessiva. Também encontramos três textos, desiguais por seu desenvolvimento, mas com certeza qualificáveis de atípicos, até mesmo de sintomáticos.

O primeiro se refere à *Significação das seqüências de vogais* (1911)[5], um dos mais breves que Freud escreveu, quinze linhas apenas. Seu objeto? O nome divino hebraico ou tetragrama (YHVH), cuja vocalização os judeus suprimiram a ponto de esquecê-la, depois a substituíram, como em certos mecanismos do sonho, nota ele, pelas vogais da palavra *Adonai*, "o Mestre", podendo o tetragrama doravante ser lido ao se contornar o tabu primitivo: *Jeová* [*Yehovah*].

O outro texto é o célebre *Moisés de Miguelangelo* (1913)[6], perfeito texto sintomático. Freud o publicou anonimamente, disfarçado mesmo, em sua revista *Imago*, acompanhando sua publicação de uma pequena nota surpreendente: "O autor deste artigo tem um modo de pensamento que apresenta uma certa semelhança com o método psicanalítico". Aí encontramos estas confissões que com certeza justificam a maquilagem precedente:

> "Jamais escultura alguma me deu impressão mais poderosa... Sempre tentei ficar firme sob o olhar raivoso e desdenhoso do herói. Mas por vezes deslizei prudentemente para fora da penumbra da nave como se eu mesmo pertencesse à ralé para a qual é dirigido esse olhar, ralé incapaz de fidelidade em suas convicções, e que não sabe nem esperar nem crer, mas solta gritos de alegria tão logo o *ídolo ilusório* [grifo nosso, o totem sendo apenas um ídolo] lhe é devolvido".

[5] S. Freud, *la Signification des séquences de voyelles*, in *S. E.*, vol. XII, p. 341.
[6] S. Freud, *le Moïse de Michel-Ange*, in *S. E.*, vol. XIII.

O título do terceiro texto aparece nos antípodas de toda preocupação hebraica: *Grande é Diana dos efésios*. No entanto, Freud nele apreende a atualidade de uma publicação de obra[7] para formular algumas reflexões quanto... ao judaísmo, seu cisma com a Igreja, a idolatria mais uma vez. Éfeso é, com efeito, aquela cidade da Ásia Menor que adorava, oito séculos antes de nossa era, uma divindade materna, Oupis. Sua conquista pelos gregos levou à substituição sem conflito de Oupis pela divindade, igualmente materna, Diana-Ártemis. Um templo famoso lhe foi erigido, que Erostrate vai queimar, e vai se desenvolver um ativo artesanato e um comércio de imagens que fazem com que Éfeso se compare a uma antiga Lourdes.

A irrupção dos judeus e de São Paulo em Éfeso vai perturbar profundamente a cidade. Paulo, às voltas com os vivos ataques de seus correligionários, decide pela ruptura definitiva entre Igreja e Sinagoga. Mas, "judeu estrito demais" segundo Freud, ele não pôde se resignar à proliferação de ídolos que reinava na cidade e, como tinha grande influência, o artesanato e o comércio de amuletos entraram em crise. O resultado foi um pogrom organizado pelos sacerdotes de Diana, os artesãos e os lojistas contra os judeus e contra Paulo, aos gritos de "Grande é Diana dos efésios!", precursor do sinistro: "Morte aos judeus!". As autoridades tiveram dificuldade de evitar o pior e Paulo perdeu a confiança de suas ovelhas.

Posteriormente, a Igreja de Éfeso passou a ser comandada por João, o qual, segundo a tradição cristã, estava acompanhado de Maria, a mãe de Deus[8]. Progressivamente, os efésios vão substituir o culto de Diana pelo de uma nova divindade mãe, o culto mariano, dedicando-se sempre ativamente à fabricação de amuletos, cristãos desta vez. Assim, o apego primeiro a um culto materno pôde se perpetuar sob máscara nova.

Esses três textos mostram a presença de uma forte corrente existente no pensamento de Freud, sem dúvida ambivalente, voltada para o judaísmo e sua luta milenar contra os ídolos, os totens, aos quais ele mesmo novamente dava lustre.

---

[7] F. Sartiaux, *Villes mortes d'Asie Mineure*, Paris, 1911.

[8] A tradição atribui a esse mesmo João o *Apocalipse*, cuja importância para a decifração de nosso mito veremos.

Para o estudo crítico, interno, de *Totem e tabu*, nossa chave de leitura é conhecida: um paralelismo passo a passo do texto freudiano e hebraico, uma nova *gezera chava*, invertida. Seu fundamento vai se verificar se, nos primeiros argumentos já formulados, se acrescentarem novos, oriundos do próprio estudo, de sua fecundidade esperada, que justificará o peso inevitável da iniciativa.

O primeiro ensaio da obra de imediato toma conhecimento da convergência fundamental que justifica, por si só talvez, o interesse que a antropologia apresenta para o psicanalista. Freud havia descoberto em sua clientela vienense, "pequeno-burguesa", como se diz, que o nó de onde parte o inconsciente é a Lei que proíbe o incesto. Ora, não descobrimos graças à antropologia que essa Lei, apesar de particularidades secundárias, se estende a toda a espécie humana, inclusive a seus grupos mais "selvagens", os mais atrasados, sem sofrer exceção? Nela, precisamente, o indivíduo se articula indissoluvelmente com o grupo, com a cultura. Toda reflexão sobre o homem deve inevitavelmente passar novamente por esse ponto: por que estranha razão o homem toma parceiro sexual fora da família? O argumento biológico revela-se de uma estranha fraqueza para explicar esse enigma que a religião vem justamente recobrir[9].

Mas Freud não se demora muito nesse reforço que ele recebe, seguro que estava da legitimidade de sua descoberta. O que ele pede à antropologia não é uma irrisória garantia exterior à sua disciplina, mas que ela o ajude a superar esse derradeiro enigma... graças à teoria totêmica. Largando a presa pela sombra, ele imediatamente encontra duas dificuldades.

Se o totem representa o pai primitivo morto por seus filhos que cobiçam as mulheres mães, matar ou comer o totem constituiria uma repetição do assassinato primitivo. O castigo por essa transgressão deveria ser, evidentemente, em virtude da lei do talião invocada por Freud[10], a pena de morte. Ao mesmo título, um ato incestuoso que transgride a Lei primeira deve conhecer o mesmo castigo. Ora, a "observação" mostra a existência de

---

[9] C. Lévi-Strauss, *Structures élémentaires de la parenté*, Paris, Mouton et Cie, 1967.
[10] Erradamente.

dois castigos diferentes, pelo menos em sua execução: aquele que leva a mão ao totem vê sua morte executada *automaticamente*, magicamente, pelo próprio totem, sem que o grupo tenha de intervir, ao passo que o incestuoso é *lapidado* por esse mesmo grupo. Essa heterogeneidade, observada por Freud, coloca um primeiro problema.

Por outro lado, o que espanta Freud no comportamento dos primitivos em relação ao interdito do incesto, para além da submissão a essa lei, vem do *horror* que eles têm do incesto – *Inzestscheu*, segundo o título que ele dá ao capítulo –, incitando-os a reforçar o interdito bem além das relações verdadeiramente incestuosas. Em nossas civilizações, em definitivo só são consideradas proibidas um ínfimo número de parceiras: mãe, irmãs, filhas... As leis exogâmicas do primitivo lhe impõem, por outro lado, a exclusão de pelo menos a metade das mulheres – se seu grupo estiver organizado em metades matrimoniais – e com freqüência bem além. O primitivo teria assim multiplicado as garantias contra todo risco de incesto ao ampliar o círculo da proibição, construindo uma verdadeira cerca viva em torno dela.

Essas duas dificuldades remetem precisamente a dois pontos cardeais da *Halacha* judia, que tem início no estabelecimento, em torno das interdições bíblicas, de um asseguramento do mesmo tipo que o do primitivo, visando construir, conforme a expressão talmúdica, um *seyag*, uma cerca viva em torno da Lei.

Os dois modos diferentes de execução de um culpado têm, por sua vez, seus correspondentes na legislação judia. Todo erro grave para com Deus é marcado com o *karet* ou supressão, a própria divindade encarregando-se de executar a pena – um tratado talmúdico inteiro, *kritout*, lhe é consagrado. Por outro lado, os crimes para com o corpo social, o adultério em particular, são punidos com a *skéla*, a lapidação.

***

O segundo ensaio de *Totem e tabu*, o mais longo da obra, complexo e denso, trata do tabu. Desde as primeiras linhas, o próprio Freud precisa que esse termo polinésio é próximo da noção judia de *kadosh*, em geral traduzida por "santo".

Esse texto retoma e desenvolve as teses contidas no artigo que compara ritos religiosos e obsessivos. Ele deve representar o aperfeiçoamento teórico mais preciso de Freud sobre a neurose obsessiva, em paralelo com o estranho comportamento religioso em relação a certos objetos, pessoas, situações, ditos *tabus*: o fiel colocado na proximidade de um corpo tabu atribui a este uma força misteriosa ou *mana*, seu temor se assemelha ao de uma infecção por contato, temor imotivado, absurdo, como o imperativo categórico kantiano, por oposição às prescrições morais inteligíveis.

Os espíritos fortes de então (Wundt) pensavam interpretar definitivamente o fenômeno ao evocarem a superstição, o *temor dos espíritos* daqueles pobres imbecis primitivos, do qual certas marcas teriam persistido até em nossas próprias culturas. Freud, diante dessa demonstração pela "virtude dormitiva do ópio", recoloca a verdadeira questão: a que força psíquica corresponde essa noção de "espírito"?

Usando de novo a transferência significante, ele injeta no tabu seu saber sobre a obsessão, na qual o rito corresponde, como vimos, ao recalque de uma pulsão sexual precisada aqui como masturbatória. Da mesma forma, o tabu deve responder pelo recalque de uma pulsão ligada ao tato, o *assassinato*. Freud não deixa de lembrar várias vezes o sexto mandamento: "Não matarás!". Reencontramos a oposição iniciada, mas doravante plenamente desdobrada, de dois tipos de pulsões recalcadas, sexual no neurótico, agressiva, egóica na religião. O tabu primeiramente mascara a rivalidade mortífera do homem com seu semelhante e, mais além, com sua própria imagem.

Freud minuciosamente assenta essa tese pela análise de numerosos casos agrupados em torno de três categorias: o tabu dos inimigos mortos, dos chefes, dos mortos, esta última categoria dando a chave de todas. O cadáver representa, com efeito, o desejo de assassinato realizado. A força do voto, tornado culpado por sua realização, projetou-se, transmutado na energia misteriosa do *mana*. O desejo de assassinato, de destruir cada semelhante, logo, o grupo inteiro, é evidentemente o maior perigo social. Essa culpa pede castigo, torna-se temor de uma volta vingadora do morto, ser querido na véspera – ambivalência *oblige*! –, logo transformado, numa estranha metamorfose, em espírito hostil. Quem não se acusou, ao desaparecer um próximo, de alguma negligência? Sentimento cuja fonte real é o voto inconsciente de morte a seu respeito, tornando-se sentimento de luto, conforme for o caso, patologia melancólica.

O tabu neutraliza a violência de sentimentos como esses, metamorfoseados nesse produto substitutivo e final, a repulsa, o sentimento de uma *impureza* radical ligada ao cadáver, *fonte e princípio de toda impureza.*

Esse capítulo, definitivamente, sublinha de novo a importância do complexo fraterno no fato religioso, prótese para a entropia social. Ele dá um novo passo importante, a noção de *impuro* de origem cadavérica. Sua própria forma literária pede algumas observações.

Nesse longo capítulo, Freud recorre maciçamente a uma enorme amostragem de fatos etnológicos, colhidos nos quatro cantos do mundo. De uma linha à outra, viajamos em sua companhia, da Austrália à América, da África a ilhas longínquas, com o sentimento crescente de que esse estranho texto se assemelha a uma imensa "colcha de retalhos" de peças coloridas, cozidas umas às outras por um fio pouco visível, graças à arte literária do autor, justamente à maneira de certos sonhos bem agenciados pelo que o próprio Freud chamou uma elaboração secundária. O leitor atento em seguir os meandros do texto não conseguirá se desprender de uma certa vertigem oniróide.

Sustentamos, pois, que os pensamentos implícitos dessa colcha de retalhos dizem respeito ao judaísmo, que o recurso feito por Freud à etnologia constitui a *metáfora do judaísmo*[11] . Seria possível mostrar passo a passo, até mesmo linha a linha, que esses exemplos díspares, Bantos, Motumotu, Dayak, Maoris, funcionam como *letras algébricas* que remetem, por transformações transparentes, às categorias da *Halacha* judia. A tarefa seria evidentemente ingrata e será preciso contentar-se com uma demonstração parcial, mas consistente. Aliás, não notamos que o próprio Freud de imediato assinalou o paralelismo a ser feito entre *tabu* e *kadosh*? A isso acrescentemos algumas marcas-chave.

---

[11] O lugar eminente que os judeus ocuparam na etnologia, de Durkheim a Lévi-Strauss, sem esquecer os Mauss, Goldenweiser, Boas, etc, se explicaria por tal metáfora?

Quanto ao caráter absurdo do tabu por oposição a regras morais inteligíveis, essa dicotomia também é fundamental no espaço bíblico e talmúdico, que opõe os *michpatim* – ou prescrições racionais cujo tipo é o de "não fazer com o semelhante o que você não gostaria que ele lhe fizesse", bastando a reversibilidade da situação para sustentar o interdito – ao *hok*, regra incompreensível, imotivada, à qual justamente pertencem os ritos alimentares.

Freud teve a perspicácia de sublinhar a importância da rivalidade fraterna no sentimento religioso. À luz de seu ensino, as prescrições bíblicas no âmbito social adquirem relevo novo. Não há uma que não venha acompanhada dessa lembrança, até nas interdições do empréstimo usurário em que a menção do irmão não parece se impor: "Não cobrarás juro e temerás teu Deus e *teu irmão viverá contigo*[12]". A legislação talmúdica inteira, seu *seyag*, não visa amplificar esse aviso?

Quando Freud citava os ritos ligados ao nome dos mortos, podia ignorar o tratamento que a linguagem familiar dos judeus aplica a essa mesma situação, acompanhando o nome do defunto com uma fórmula consagrada: *zichrono lebracha*, "que sua lembrança seja uma benção"?

Enfim e sobretudo, o tema central do segundo capítulo refere-se à *impureza* e aos ritos de purificação. Ora, o que é a *Halacha* inteira senão uma imensidão de textos, uma reflexão indefinida, em torno dessa mesma noção puro/impuro (*taharah/tumah*), sagrado/profano (*kadosh/hol*)!

Não nos espantaremos mais – mas mesmo assim! – ao notarmos que o princípio original de toda impureza no Talmude, *av avot hatumah* ou "princípio dos princípios da impureza", é o mesmo encontrado por Freud após muitos meandros etnológicos: o cadáver.

A própria forma do texto faz eco às páginas hebraicas. Seu caráter denso, as digressões e retornos, bem antes de nós, Karl Abraham havia notado o caráter talmúdico[13] disso tudo. Uma passagem atraiu parti-

---

[12] Levítico, XXV-26.

[13] K. Abraham - S. Freud, *Correspondance*, tradução francesa, Paris, N.R.F., 1969. Carta de 11 de maio de 1908: "Há alguns dias, fui capturado em *O chiste*, de uma maneira singular por um pequeno parágrafo. Considerando-o mais precisamente, achei que, na técnica da oposição e em toda a sua composição, ele era inteiramente talmúdico".

cularmente nossa atenção por nos parecer excessivamente longa – pelo menos assim julgaram os tradutores, que preferiram abreviá-la. Sobre os maoris, Freud relata esta citação: "O chefe não deve soprar sobre o fogo, pois esse sopro comunicaria sua santidade ao fogo, que a comunicaria ao pote sobre o fogo, que a comunicaria à carne no pote, que estava sobre o fogo, sobre o qual o chefe havia soprado; assim, a pessoa *que comeu a carne que cozinhava no pote, que estava sobre o fogo*, sobre o qual o chefe havia soprado com seu sopro sagrado e perigoso morrerá". O habitualmente escrupuloso Strachey preferiu aqui ir direto: "O comedor, infectado pelo sopro do chefe *transmitido por esses intermediários*, seguramente morrerá".

Com certeza, esse ritornelo ilustra perfeitamente os mecanismos de contigüidade e deslocamento tão essenciais nos ritos, sejam eles religiosos ou obsessivos. Mas também sua estrutura evoca irresistivelmente uma curiosa e célebre canção judia, pertencente à liturgia pascal: "Um cabrito, um cabrito". Contentemo-nos, como Strachey, em citar apenas uma estrofe: "A morte veio e matou o açougueiro, que tinha degolado o boi, que tinha bebido a água, que tinha apagado o fogo, que tinha queimado o pau, que tinha batido no cachorro, que tinha mordido o gato, que tinha comido o cabrito, que meu pai tinha comprado para mim por dois vinténs[14]".

Assim, tanto por sua forma quanto por seu conteúdo, esse segundo capítulo possui profundas ressonâncias com a *Halacha*, esse grande monumento do ritualismo judeu, que parece estar aqui totalmente ausente.

***

Com o terceiro ensaio, *Animismo, magia e onipotência das idéias*, Freud procura penetrar mais intimamente nesses estranhos fenômenos rituais. A solução lhe parece esta: os primitivos têm uma visão do mundo de natureza psicológica, visão que consiste em projetar totalmente sobre o real os mecanismos internos do psiquismo e do inconsciente. As forças pulsionais tornam-se, nessa inversão, espíritos, almas, capazes de migrar de um corpo para outro. Essa concepção teria germinado de uma reflexão sobre a morte,

[14] Há alguns anos, um cantor italiano, A. Branduardi, fez dela um sucesso: *la Fiera dell'Est.*

assimilada – até mesmo conjurada em seu insuportável – a um estado de sono particular.

Dessa sobrestimação dos mecanismos psíquicos decorre uma técnica singular, a magia, que supõe que certos atos rituais agem sobre o real, tanto fazem a chuva quanto o bom tempo, garantem a fecundidade da terra.

Ao inverso, certos contatos com a natureza podem influenciar profundamente os mecanismos psíquicos, *particularmente a comida*. Daí um certo número de *ritos alimentares* observados pelos primitivos: por exemplo, uma mulher grávida não comerá a carne de um animal medroso para não marcar com covardia seu filho.

O conjunto dos ritos se decifra, assim, por uma concepção mágica do mundo em que a força do desejo se torna elemento cósmico.

Esse saber, essa noção de "todo-poder das idéias" de evidente raiz narcísica – o homem como centro do mundo –, Freud o obteve ao decifrar o sintoma obsessivo do *Homem dos ratos*, em quem os ritos, feitiçaria privada, tinham precisamente função conjuratória.

Mas de novo transparecem, por trás desses fatos atribuídos aos primitivos, nossas próprias concepções religiosas e particularmente as do judaísmo: a persistência da alma, a metempsicose que os cabalistas admitem.

Logo daremos à decifração dos ritos alimentares toda a importância que têm. Insistamos por enquanto na função mágica do rito: o que o feiticeiro ou o sacerdote liga por seu ato terrestre está ao mesmo tempo ligado nos céus. Que mais visa em sua piedade o devoto judeu com a plena consciência da significação de seu ato, caso seja místico, *hassid*? O mundo para ele é o resultado de uma catástrofe primitiva em que a "luz" divina ficou perdida, espalhada, escondida nos elementos do universo. O objetivo de sua vida é liberar algumas dessas fagulhas primordiais, é reparar (*tikoun*) essa desordem do mundo, que é primeiro a da condição humana.

Assim, cada traço – acrescentaríamos, sem exceção – atribuído aos primitivos remete a um tema importante do pensamento judeu, nesse capítulo, sobretudo, à sua mística, funcionando os fatos antropológicos como as letras que velam e designam um traço de nossas próprias religiões. No delírio do primitivo, Freud busca entender o segredo de sua própria religião, de que mais tarde dirá: "A Palestina nada formou a não ser religiões, extravagâncias sagradas, tentativas *presunçosas de domar o mundo das aparências exteriores pelo mundo do desejo*[15]".

Essa equivalência judaísmo-pensamento primitivo deve trazer uma carga pesada qualificável pudicamente de "ambivalência".

***

Os três primeiros ensaios de *Totem e tabu*, apesar de seu interesse, com certeza não teriam bastado para produzir a celebridade da obra, para distingui-la entre as outras produções excelentes do mestre vienense. Se *Totem e tabu* virou acontecimento, ele o deve à sua quarta parte – unidade autônoma na obra, na qual as propostas estabelecidas em outras obras são aqui lembradas. Segundo Lacan, Freud ali construiu *o único mito produzido em nosso século*, ligando juntos quatro elementos pertencentes a campos diferentes.

O primeiro é interno à psicanálise, à sua clínica. O estudo das fobias de animais, em particular o célebre *caso do pequeno Hans* (1909), mostrou a equivalência do animal e do pai nas formações inconscientes.

Talvez seja preciso atribuir, ao menos em parte, a essa criança dotada, no momento mesmo em que Freud começa a reunir os elementos esparsos de sua teoria da função paterna, seu interesse repentino e apaixonado pelo totemismo, segundo elemento da construção, tirado, como vimos, de Frazer. Para Freud, portanto, não há dúvida: o animal totêmico é *uma metáfora do Pai*, do ancestral mítico do clã.

Dessa filiação se deduz – mas como? – esse sentimento dos membros do clã, para além das particularidades individuais, de *partilhar uma substância comum misteriosa*, um éter místico: eles se sentem do mesmo "sangue".

Esse sentimento, aparentemente irracional, evidentemente não é exclusivo dos "primitivos"; ele é o cimento de todo grupo humano. Sabemos, confessado pelo próprio Freud em seu prefácio à edição hebraica de *Totem e tabu*, que ele mesmo experimentava um sentimento igual em relação ao judaísmo, cujo mecanismo íntimo ele também reconhecia ser incapaz de entender.

---

[15] Numa carta a Arnold Zweig, em 1932; idéia retomada em vários outros escritos.

Entre os atributos do totem, Freud ressalta este: de ser o *fiador da verdade* – aquele diante de quem prestamos juramento, singularmente em assunto de paternidade – que preside aos *ordálios*.

Eis agora um momento em que Freud está preocupado com essa questão do ordálio ou julgamento de Deus. Ela parece se introduzir em sua reflexão a partir de seus trabalhos sobre a obra de um louco célebre, o presidente Schreber. Um traço minúsculo desse relato de uma psicose o faz parar: Schreber afirmou, após estar curado, poder olhar o sol, "símbolo paterno[16]", de frente. A Antigüidade atribuía essa virtude à águia, que submeteria sua progênie a esse ordálio. A aguieta que não o suportasse revelava-se ilegítima e condenada à morte. Esse mito serviu de modelo para muitos povos, que infligiam à sua descendência provas desse tipo: a água, a mordida da serpente venenosa totêmica, etc.

Essa conexão importante entre *Totem e tabu* e a obra sobre a psicose confirma bem em que questão essencial estamos aqui tocando: o que é um pai? O que é uma filiação?

Essencial já sob um aspecto: a verdade – nos ensina Freud em *Moisés e o monoteísmo* –, que, *a priori*, não parece se impor à prática dos homens, dos quais toda a ação tende até a ocultá-la, por essa questão do pai, sempre conjectural, atinge o homem como uma farpa em sua carne, da qual ele não consegue se desfazer.

A *Halacha* – isso nos espanta doravante? – conhece bem essa questão do ordálio a respeito precisamente da suspeita de infidelidade de uma mulher e, por conseguinte, de legitimidade de filiação. A Bíblia designa essa prova como *sota* e o Talmude lhe dedica um espesso tratado. Seu exame, mesmo rápido, afigura-se de importância para a continuação de nosso propósito.

O rito singular de *sota* só acontecia no antigo Templo de Jerusalém. Ele consistia principalmente em colocar num vaso cheio de água um manuscrito – no qual o grande sacerdote havia escrito certas fórmulas bíblicas em que o Nome divino ocupava o lugar principal – até o apagamento da escrita. Depois disso, a mulher sob suspeita bebia o líquido e a escrita. Inocente, ela saía indene da prova, culpada, morria de modo mágico.

[16] S. Freud, posfácio ao caso Schreber (1911), in *S. E.*, vol. XII.

Ora, eis que Freud, examinando as diferentes teorias do totemismo, observa a de um certo Julius Pickler, para quem os diferentes totens de uma etnia devem ser considerados como pictograma, *escrita primitiva*[17] .

Esse diálogo nas trevas entre Freud e a *Halacha* parece prosseguir quando Freud sustenta que o totem se transmite *matrilinearmente*, particularidade partilhada pelo judaísmo, que faz aqui exceção no concerto das religiões monoteístas. O véu de desconhecimento vai se romper? Que nada! Freud prefere renunciar à proposta de Pickler, que não lhe convém mais que as outras teorias totêmicas – nominalistas, sociológicas, psicológicas. Nenhuma lhe parece conter a solução das questões que ele coloca: por que o totem, por que a religião, por que a exogamia? A busca desemboca num deserto teórico – que ele mesmo em parte criou –, num *enigma absoluto*. Para resolvê-lo, Freud vê-se forçado a dar um salto. Não deu ele outros, tão fecundos?

Esse salto, terceiro elemento na construção do mito, é o recurso a um dos autores favoritos de Freud, Darwin.

Por uma comparação com os modos dos grandes mamíferos – gorilas, cavalos, cervídeos –, Darwin havia deduzido que os primeiros grupos humanos eram formados de pequenas hordas sob a condução de um velho macho tirânico que se reservava exclusivamente as mulheres do grupo. Acontecia de um jovem macho vigoroso postular esse lugar de chefe. Ele entrava, então, em conflito mortal com o velho macho, mas também com qualquer outro rival, até que, por sua vez, fosse expulso ou morto por um mais forte que ele. Freud retoma essa concepção darwiniana por sua conta.

Inútil buscar aqui uma qualquer correspondência com o judaísmo. Ela não existe. Talvez possamos notar nesse ponto preciso o momento em que Freud solta a amarra que o ligava até aqui, e curiosamente é o momento, o único talvez de toda a sua obra, em que seu pensamento se equivoca.

Aparentemente sereno, conquistador, ele avança ao encontro desse pensamento darwianino. A longa marcha dos primeiros capítulos se assemelha a um penoso trabalho de luto contra essa "peste trazida do Egito".

---

[17] Concepção evidentemente próxima da antropologia estrutural. Cf. Lévi-Strauss, *le Totémisme aujourd'hui*, Paris, P.U.F., 1962.

Uma saída verdadeira deveria tê-lo conduzido a temas novos, num além da *Halacha*, sem retorno.

Mas é claro que se tratava apenas de uma falsa saída que ia conduzi-lo direto a... escrever um livro sobre Moisés. Não se deixa assim o nó que estrutura esse inconsciente descoberto por Freud. Aliás, não é necessário ir tão longe: essa *Halacha* cem vezes morta, cem vezes ressuscitada, já levanta a orelha no quarto e último elemento da construção do mito.

A fonte à qual desta vez Freud recorre é um certo Robertson Smith, especialista... de religiões semíticas. Devemos a esse autor uma teoria que coloca no fundamento dessas religiões os sacrifícios animais cumpridos sobre um altar, seguidos do consumo em comum do animal sacrificado. Desse ato de convivência decorreria o sentimento enigmático que evocamos sem cessar, o de partilhar uma substância comum.

Em apoio a essa estranha teoria, rejeitada unanimemente, para grande furor de Freud, pelos melhores antropólogos, dentre eles Mauss, só pode ser invocada uma fina marca escriturária que devemos ao obscuro São Nilo, anacoreta sinaítico na aurora do cristianismo que relata um rito praticado pelos beduínos pré-islâmicos: antes do nascer do sol, quando ainda brilha Vênus, um camelo era amarrado sobre um altar, depois, após a execução de um cerimonial, sacrificado e devorado cru em alguns segundos, sangue, carne e ossos, pela malta dos praticantes.

Esse recurso à teoria de R. Smith do *banquete totêmico* é criticável sob mais de um aspecto e os etnólogos mais eminentes fizeram essa crítica bem antes de nós. A isso acrescentemos certas observações no fio de nosso propósito: era preciso um tal desvio para estabelecer o lugar importante mantido pelos sacrifícios nas religiões semíticas? Teria bastado abrir o Levítico, percorrer os inumeráveis comentários talmúdicos e midráchicos que o acompanham, para reunir uma informação indefinidamente mais precisa sobre esses sacrifícios, sobre o vínculo que têm com a alimentação humana, sobre os ritos que transformam toda mesa em altar.

Em Smith, por outro lado, o sentimento de ser de um "mesmo sangue" deve-se à absorção do sangue do animal pelo grupo. Ora, precisamente, o rito sacrificial judeu consiste em eliminar com rigor todo consumo sanguíneo. É possível dizer que uma etapa anterior dessas religiões incluía essa absorção; como então explicaríamos esse abandono; como compreender a fase posterior que o exclui embora conserve o sacrifício? Como, sobretudo, compreender a fase derradeira da religião judaica, que renuncia totalmente a todo sacrifício sem enfraquecer, muito pelo contrário, o sentimento comunitário?

Rejeitando toda crítica, Freud acaba assim a instalação dos quatro elementos de seu mito (*esquema nº 1*), que ele pode, então, enunciar.

A pré-história da humanidade compreenderia duas fases.

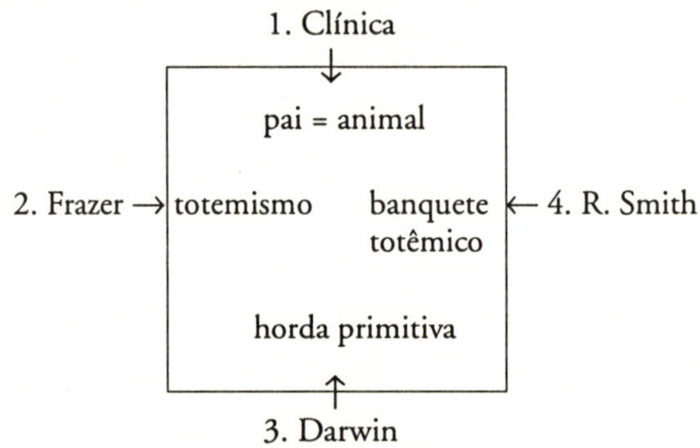

esquema nº 1

Na origem, os ancestrais dos humanos eram organizados em horda, um macho ciumento possuindo todas as mulheres e expulsando os rapazes mal estes se opunham a ele como rivais. Essa primeira fase, reconhece Freud, nunca foi observada, ao oposto da segunda, a de grupos de homens iguais submetidos a um totem. Como passamos de uma à outra? Aí, Freud introduz uma reconstrução, método familiar no estudo das fantasias, que preenche o hiato: um dia, os irmãos expulsos se associaram num sindicato e mataram o pai. Como faltava coragem a cada um sozinho, eles a adquiriram juntos. Sendo canibais, comeram-no, esperando assimilar uma parte de sua força.

Entretanto, esse pai odiado também era admirado. A morte tendo apaziguado o ódio, só persiste, daqui por diante todo-poderosa, a afeição expressa no remorso. Assim, os próprios filhos vão proibir uns aos outros aquilo que o pai quando vivo lhes recusava, numa *obediência* num segundo tempo. O pai torna-se mais forte morto que vivo. Os homens renunciam, na Lei exogâmica, às mulheres agora livres, criando ao mesmo tempo um pacto entre eles. Por esse ato memorável tem origem a organização social, a moral e a religião, numa só palavra, a humanidade que nasce no sangue do assassinato do Pai-Deus.

À religião especialmente se vê confiar a tarefa mnésica de perpetuar sob um modo velado a lembrança desse ato primeiro, de realizar um compromisso complexo entre amor e ódio do pai, rivalidade e solidariedade fraterna. Esse complexo encontra a sua realização precisamente no banquete totêmico.

Foi este o esquema dramático que Freud construiu, esquema que se transformou desde então num pequeno barco cultural. Inútil lembrar que o tripé que lhe fornece apoio é apenas ilusão. Em seu enunciado mesmo, ele revela uma carência profunda: *que papel lá representam as mulheres*, já no primeiro tempo, o do mestre todo-poderoso da horda? Alguém já viu um mestre que não tenha imediatamente suscitado *ao menos uma histérica*? O que dizer do segundo tempo, em que as mulheres mães liberadas tornam-se totalmente donas do jogo? A objeção não escapou a Freud, que confessa com sua habitual honestidade: "Eu não saberia dizer que lugar cabe aqui às grandes divindades maternas que precederam os deuses-pais[18] ".

Esse mito revela uma dificuldade ainda mais grave: Freud nota, no único exemplo de banquete totêmico "conhecido", o dos beduínos de São Nilo, a presença de uma divindade, nomeadamente Vênus, que participa ela mesma do banquete. Não tínhamos acreditado que o animal-totem representava justamente a divindade? Eis que, de novo, no fim de uma obra inteiramente dedicada à questão religiosa, Freud enuncia que a idéia de Deus "viria de uma fonte desconhecida e assumiu o controle de toda a situação". *O enigma de Deus reaparece no ponto mesmo em que pensávamos decifrá-lo*. Magro benefício ao fim de um esforço considerável, que culmina num fracasso.

Construído sobre nuvens, *Totem e tabu* sequer oferece a vantagem de culminar numa construção imaginária satisfatória.

---

[18] S. Freud, *S. E.,* vol. XIII, p. 149.

No entanto, Freud não hesita em nos revelá-la, na densidade de suas inverossimilhanças e contradições, como revelamos a um ouvinte atento o que *sonhamos*.

Fora desse campo onírico, *Totem e tabu* não passa hoje, no rigor teórico, de escombros. A partir destes, das intuições, dos elementos significantes que eles guardam, é possível reconstruir uma teoria da função paterna em seu verdadeiro terreno, simbólico?

Nossa atenção vai se fixar nessa pedra angular: a identificação com o pai por sua incorporação, operando-se num cerimonial religioso, o banquete totêmico. Que força levou Freud nessa elucubração, senão o eco da *Halacha* judia, que dá aos ritos alimentares um lugar especial? A via da decifração está, por conseguinte, traçada.

2

Pensar com os dentes

A obra de Freud, comparada com os grandes sistemas filosóficos, alemães particularmente, revela uma construção diferente. Ela não apresenta o mesmo caráter de sistema que estes, tal como poderia revelar a análise de um grande pensamento como o de Kant, de Hegel – em que os conceitos se articulam como num grande jogo de construção. Os escritos freudianos, abertos por todos os lados, dão antes ao leitor o sentimento de uma *tessitura* densa, onde por momentos o tecido revela um nó para onde convergem e de onde partem fios que se ramificam dali a um vasto campo.

A noção de banquete totêmico – que nos parece, em sua erronia, a intuição mais fulgurante, como procuraremos mostrar – de *Totem e tabu* pertence a um fio que percorre os escritos de Freud de um lado a outro: a pulsão oral. Vemos emergir esse fio em momentos inesperados do desenvolvimento de seu pensamento, significando claramente, se necessário fosse, que ele não se inscreve banalmente no registro exclusivo da necessidade nutridora, mas no da sexualidade humana estruturada por uma dialética de demanda e desejo.

Sem pretender uma qualquer exaustividade, evoquemos alguns dos momentos-chave em que a oralidade emerge no texto freudiano com seu papel primordial.

Num dos primeiríssimos textos do pensamento psicanalítico, *Projeto para uma psicologia científica*, Freud faz do seio o *objeto perdido* primordial, aquele que, por essa propriedade essencial de estar perdido, opera a primeira estruturação da realidade psíquica, cria as condições para que se instaurem, sob forma do grito e das falas maternas, as condições de aquisição da linguagem e, depois, do pensamento. Assim, de imediato, à nossa questão de início – de onde a linguagem chega ao homem? – Freud traz um elemento de resposta importante: através de sua relação com o seio enquanto objeto perdido.

Freud recusou publicar o texto tão rico desse *Projeto*. No entanto, vai retomar seus elementos principais ao longo da vida. Seus achados a respeito da pulsão oral estão consignados na obra *Três ensaios sobre a sexualidade infantil*, publicada em 1905, mas que ele remanejará sem cessar nas edições ulteriores, particularmente na de 1915, contemporânea, portanto, de *Totem e tabu*, na qual encontramos este acréscimo:

> "Daremos o nome de pré-genital às organizações da vida sexual nas quais as zonas genitais ainda não assumiram a parte predominante... A primeira destas é a organização sexual pré-genital oral ou, como se pôde chamá-la, *canibalesca*. Aqui, a atividade sexual ainda não foi separada da ingestão de comida... O objetivo sexual consiste na incorporação do objeto, *protótipo de um processo que, sob a forma da identificação, deve ulteriormente representar um tão importante papel psicológico*[1] ".

Essa evocação dos mecanismos identificatórios será retomada, cinco anos depois, em 1920, em sua obra *Psicologia dos grupos e análise do eu*, que comporta um ensaio sobre "a identificação[2] ", cujas primeiras linhas estão no centro de nosso assunto:

> "A identificação é reconhecida pela psicanálise como a expressão mais precoce de um vínculo emocional com outra pessoa. Ela desempenha um papel nos primeiros tempos da história do complexo de Édipo. Um menino manifestará um interesse especial por seu pai: gostaria de crescer como ele, ser como ele e assumir o seu lugar em tudo. Podemos dizer simplesmente

---

[1] S. Freud, *S. E.*, vol. VII. Grifo meu.

[2] S. Freud, *S. E.*, vol. XIV, cap. 7: "A identificação".

> que ele toma o pai como ideal. Esse comportamento nada tem a ver com uma atitude passiva ou feminina para com o pai. Ela é, ao contrário, tipicamente masculina [...].
> A identificação na verdade é ambivalente desde o início. Ela tanto pode virar expressão de ternura quanto voto de supressão. Ela age como um derivado da primeira fase, oral, da organização libidinal, na qual o objeto que amamos e apreciamos é assimilado ao ser comido e vê-se ao mesmo tempo suprimido. O canibal, como sabemos, ficou nesse estádio; ele tem uma afeição devoradora por seus inimigos e devora aqueles que ama".

É evidente que a problemática de *Totem e tabu* está em segundo plano nesse texto que, tal qual, levanta, apesar de sua limpidez, muitas questões.

Primeiro, esse axioma freudiano enigmático de um amor primeiro pelo pai, até mesmo que só há amor pelo pai. Podemos virar essa proposição em todos os sentidos, nada parece justificá-la e, no entanto, ela se impõe à observação clínica.

Além disso, o que significa essa identificação, dita primordial, que se opera por devoração do pai? Como compreendê-la, já que com certeza ninguém nunca comeu o pai a não ser no conto do banquete totêmico e alguns canibais?

Talvez outros conceitos freudianos importantes, a castração, por exemplo, também sejam "inverossímeis" e devam ser entendidos num jogo de equivalência significante: separar-se da mãe, neste último caso. Para a devoração do pai, Freud nos remete tacitamente a seu *Totem e tabu*, cuja ilusão já demonstramos o bastante. Então?

Nenhum autor psicanalítico parece ter-se colocado essas questões aporéticas. À exceção única de Lacan, que dedicou a essas raras páginas sobre a identificação todo um ano de seu ensino[3]. O que ele nos ensina sobre essa identificação primária?

---

[3] J. Lacan, *Le Séminaire, livre IX: l'Identification* (não publicado).

Aparentemente bem pouco – já que deliberadamente Lacan declara que vai se abster de tratá-la, mas dá a razão disso. Se, com efeito, a identificação primária, "que primeiro emergira na experiência psicanalítica, é de uma presença clínica maciça e verdadeira tela de fundo de todo tratamento", sua abordagem permanece quase impossível.

Seu esforço vai, portanto, se dedicar à segunda forma de identificação, dita com o *traço unário*, posto na origem da escrita. Mas, antes de abandonar a questão a quem quiser ressaltá-la, Lacan indicou uma via de investigação: o campo de pesquisa privilegiado para entender a identificação com o pai é – dizia ele – o das religiões semíticas. Essas poucas palavras, levadas a sério, causam uma verdadeira inversão de tendência. Gerações de freudianos tinham, desesperadamente, perdido tempo do lado da etnologia, no estudo dos povos primitivos ou *chamíticos*. Lacan, este, sugere: dêem uma olhada do lado dos judeus!

Freud, com pequenos toques, produziu outro conceito célebre, o do *supereu*. Desde seus primeiros trabalhos, ele adivinhou a importância para a psique do sentimento de culpa. Seu artigo sobre os ritos o levou a apresentar o paradoxo de uma "consciência inconsciente" que encarna o remorso.

A partir de sua análise de *Luto e melancolia*, se afirma a idéia de que o supereu mantém relações estreitas com a pulsão oral e sua dimensão agressiva.

Esse conceito do supereu, aparentemente um dos mais simples de entender, no entanto coloca à teoria psicanalítica alguns de seus "quebra-cabeças" mais espinhosos.

Freud o definiu como herdeiro do conflito edipiano, a interiorização da instância paterna, ao mesmo tempo ele o articulava com essa pulsão oral, a mais "arcaica" das instâncias. Uma concepção diacrônica situaria, portanto, os dois momentos principais de sua formação: um antes da instauração da rivalidade edipiana, o outro depois.

Essa concepção causou múltiplas divergências entre psicanalistas conforme colocavam o acento num ou noutro dos momentos. Alguns afirmaram até a existência de *dois* supereu, um materno ou pré-edipiano, o outro pós-edipiano.

A segunda dificuldade nos parece de maior alcance. O supereu ou consciência moral se manifesta ao sujeito por comandos, falas, em suma, sob modo de linguagem. Se, por outro lado, colocarmos na oralidade sua origem, por que estranha transmutação, alquimia, o objeto alimentar torna-se ordem, imperativo?

Esse novo paradoxo não escapou a esse leitor sem par de Freud que foi Lacan, o qual chegou ao seguinte postulado: na formação do supereu, *o sujeito engole falas*. Como entender tal fenômeno? Lacan não conseguiu articulá-lo, deixando aberta essa questão bem como, mais tarde, a da identificação primária, revelando talvez que todas essas dificuldades convergem para um mesmo ponto não elucidado, até mesmo não elucidável no estado atual da teoria[4].

Em 1925, Freud escreverá um artigo tão breve quanto denso, *A denegação*, aparentemente longe de nosso assunto e que, no entanto, o esclarece. O que se encontra definido nessas páginas, retomando os desenvolvimentos anteriores do *Projeto para uma psicologia científica*, é nada menos que a emergência do pensamento e, como só pensamos pela linguagem, Freud fazia a mesma pergunta que nós: como o pensamento e, portanto, a linguagem chegam ao homem?

O pensamento, sustenta esse artigo, só emerge com o aparecimento da negação, isto é, a partir do momento em que, no *continuum* do mundo, certos objetos são afirmados, introjetados, e outros são afastados.

> "A propriedade sobre a qual é preciso se pronunciar [escreve ele] poderia primitivamente ter sido boa ou má, útil ou nociva. O que corresponde a dizer, na linguagem das primeiras tendências pulsionais orais, quero comer isto ou quero cuspi-lo e, numa transposição mais ampla: quero introduzir isto em mim ou excluí-lo fora de mim".

Os primeiros passos do pensamento, sua estruturação primordial, deduzem-se de uma relação inicial com o objeto oral. Sob uma forma

[4] J. Lacan, *Le Séminaire, livre IV: la Relation d'objet*, Paris, 1994. Éd. du Seuil.

imajada, esse princípio poderia se formular assim: antes de qualquer coisa, *pensamos com a boca, com os dentes.* Ele estabelece a oposição basal *bom/ruim*, que causa imediatamente aquela *interior/exterior.*

Precisamente, o que é a cultura de um grupo senão definir um interior em relação a um exterior desse grupo, em que o grego se opõe ao bárbaro, o judeu ao gói, o cristão ao infiel?

A cultura de um grupo deixa perfilar sua origem no fio da intuição do banquete totêmico: a oralidade, os ritos alimentares.

Freud, que não deu atenção aos avisos dos primeiros estruturalistas contra o totemismo, adota em *A denegação* um esquema que anuncia o que eles enunciaram:

> "Os animais do totemismo cessam de ser, somente ou sobretudo, criaturas temíveis, admiradas ou cobiçadas. Sua realidade sensível deixa transparecer noções e relações, concebidas pelo pensamento especulativo a partir dos dados da observação... As noções de oposição e de correlação, a de *par de oposição* têm uma longa história[5] ".

Ressaltemos neste breve percurso das referências freudianas à oralidade o vínculo que une essa pulsão ao Édipo pela troca obrigatória da identificação primária.

Entre os alunos de Freud, *Karl Abraham* foi o que mais se apegou a essa temática oral, mas também à psicologia das religiões – duas questões aparentemente sem relação direta e que o estudo freqüentemente aproxima. Devemos a ele importantes trabalhos sobre a melancolia em relação à oralidade, certos escritos que antecipam as especulações freudianas sobre Moisés. Ele teve também a intuição da importância dos ritos alimentares, cujo estudo desejou fazer. Influenciou, enfim, nessa dupla inspiração, os dois alunos prestigiosos que formou, Théodore Reik e Melanie Klein.

---

[5] C. Lévi-Strauss, *le Totémisme aujourd'hui*, Paris, P.U.F., 1962.

Reik prolongou com muito talento as teorias totêmicas de Freud numa série de estudos sobre o ritual religioso, o hebraico em particular: *Kol Nidré* e *o Choffar*, dedicados à festa do *Kippur*.

Não é notável que tanto Reik como Abraham, retomando as pistas de *Totem e tabu*, imediatamente se engajem no campo judeu, manifestando assim uma mesma leitura da obra que nós: uma metáfora – fracassada – do judaísmo?

Em seu *Kol Nidré*, Reik parece preocupado com a espécie de impasse a que conduz a teoria totêmica e tenta construir um novo esquema, próximo do texto bíblico, em torno do termo hebraico *Brith* – aliança, pacto, contrato escrito a um só tempo no Livro mas também no corpo pela circuncisão –, que liga duas partes: Deus a seu povo, o Pai a seus filhos.

Esse contrato sob juramento compromete fidelidade e testemunho recíproco dos contratantes, enuncia as sanções que atingiriam o grupo se ele perjurasse a sua fala.

O sentimento de pertencer ao grupo se estabelece pelo fato de um certo número de sujeitos passarem o mesmo contrato e o transmitirem a seus descendentes.

O esquema de Reik parece modesto se comparado com o grande afresco trágico de *Totem e tabu* e não parece capaz de fornecer uma decifração do fenômeno religioso. Tem pelo menos o mérito da fidelidade aos textos bíblicos, até mesmo à experiência subjetiva do crente, mas sobretudo o mérito de um projeto que se afasta da vertigem especulativa sem controle para se estabelecer em seu verdadeiro campo, o do símbolo e da escrita. A carência principal resulta da ausência da oralidade em sua construção.

K. Abraham emite reservas[6] a respeito desse texto: a ausência de referências ao totemismo, uma má metodologia que consiste em obnubilar-se sobre a festa do *Kippur* sem levar em conta o mecanismo essencial em matéria de rito, o deslocamento. Ganharíamos – defende Abraham – se nos interessássemos pelos ritos que precedem a festa – conselho judicioso, veremos, e podemos devolver a crítica a seu autor, que se contenta em examinar um rito praticado na véspera do *Kippur*, rito que consiste em sacrificar um frango. É este o animal totêmico!

[6] K. Abraham, *Œuvres completes*, t. II, Paris, Payot, 1973.

Reik publicará um segundo artigo de grande interesse, *o Choffar*, que no ponto preciso do totemismo volta ao caminho conhecido que seu estudo precedente queria evitar, o de *totemizar* a qualquer preço o judaísmo, esforço grotesco que produz uma proliferação de totens: depois do frango de Abraham, acrescentam-se o carneiro, o touro; ele esquece que nenhum possui o atributo primeiro de todo totem digno desse nome, o do tabu; esquece, enfim, que essa multiplicação – por que não estendê-la a certos vegetais, trigo e uva, objetos de práticas religiosas complexas? – dissolve a própria noção e sua função classificatória.

Esse esforço de totemização só consegue, definitivamente, privilegiar ritos secundários, anedóticos, como o frango de Abraham, de caráter individual e não comunitário, deixando de lado os ricos e complexos rituais em que essa dimensão comunitária vem em primeiro plano.

A grande fascinação de nossos autores chega aos ritos sacrificatórios da Antigüidade judia. Quem subestimaria a importância deles? Mas convém lembrar que o interesse principal do psicanalista não é nem a etnologia, nem a história antiga, disciplinas decerto estimulantes para sua própria reflexão. Sua tarefa é a compreensão dos mecanismos *atuais* pelos quais uma personalidade se constitui em suas instâncias e seus conflitos. Nenhuma pessoa sensata poderá admitir que os sacrifícios de animais de chifres na antiga Judéia para isso contribuem decisivamente. Se os fariseus, esses gigantes fundadores do judaísmo atual, suprimiram os sacrifícios no momento mesmo em que criavam instituições e ritos para assegurar a perpetuação do povo judeu e do sentimento que o fortifica, devemos supor que, para eles, os sacrifícios não eram insubstituíveis, que através destes um mecanismo mais fundamental operava e que era possível, portanto, apenas conservando-o, fazer a economia de fluxos de sangue animal. Reconheçamos à reforma farisaica sua formidável eficácia após a experiência de um exílio milenar, e a tentativa de dar aos sacrifícios animais um papel primeiro parece, em contraste, terrivelmente obsoleta.

Feitas essas críticas aos esforços de Abraham e de Reik, é justo reconhecer em seus trabalhos, entre outros méritos, o de uma intuição profunda: o tema totêmico vem recuperando o judaísmo; mais precisamente ainda, ele visa os ritos que cercam a festa do *Kippur*. Ficamos decerto a vê-los andar sem rumo, como que brincando de cabra cega, olhos vendados à procura do enigma, um dizendo ao outro "Está quente, está perto", eles parecem possuir a pré-ciência de que ali se encontra o lugar onde é preciso cavar.

Temos enfim de evocar essa outra grande figura da psicanálise, Melanie Klein, que, sem ter diretamente comprometido as suas pesquisas com a questão religiosa, contribuiu para deslocá-la com seus trabalhos sobre a criança e a oralidade.

Melanie Klein, na análise que empreendeu com crianças bem pequenas, fez uma descoberta de valor, remanejamento profundo da teoria freudiana, a do Édipo precoce: tão logo é abordada, a criança revela uma problemática ligada ao pai. Certos pediatras americanos levaram a experiência até colocar registradores junto aos berços de bebês em seus primeiros murmúrios e confirmaram a tese kleiniana.

Até então primava uma concepção simples e clara, dita genética ou dos estádios: a criança cumpriria uma série de etapas de maturação, oral primeiro, depois anal, enfim edipiana, que organizaria em genitalidade os primeiros passos fragmentares da sexualidade da criança. Para cumprir esse programa, tão pesado!, a que se acrescentam identificação primária, aquisição da linguagem e da motricidade, a criança teria mais ou menos três anos.

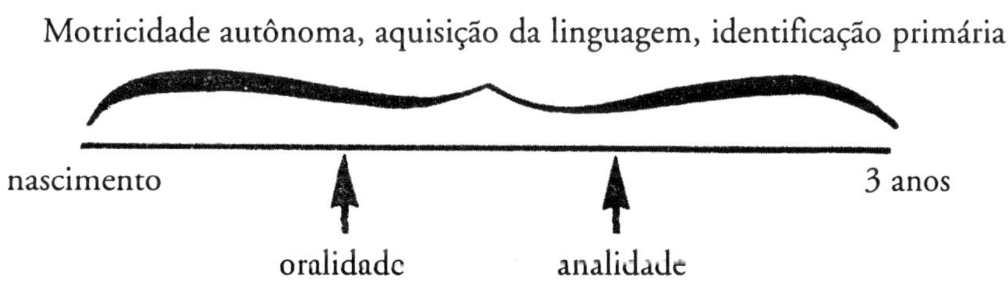

esquema nº 2

Eis que o Édipo precoce kleiniano vem esmagar esse intervalo temporal já bem curto, a rigor o anula. Na verdade, essa anulação se refere antes ao próprio esquema em estádios, primeira etapa na apreensão dos fenômenos que parecem síncronos, momentos e lugares de uma estrutura na qual o pequeno do homem vê-se, de imediato, mergulhado.

A virada kleiniana abre a porta para as concepções de Lacan – inscrita por aí numa filiação "abraâmica" que ele não vai criticar pouco: o filho e a mãe nunca formam duo completando-se – exceto patologia grave –, mas trio em que o recém-nascido bem rápido percebe, até mesmo de imediato, que a atividade, o desejo de sua mãe, seja qual for sua dedicação a ele, gravitam em torno de outro pólo que ele, um pólo marcado de mistério: o falo.

Assim, progressivamente se impôs na teoria analítica – aquela que nós, em todo caso, partilhamos – uma concepção sincrônica, estrutural dos principais conceitos. A oralidade não é mais, então, um instante na história de um sujeito, mas está para sempre presente, modo particular da relação desse sujeito com o que o cerca. Da mesma maneira, a função paterna, suas diferentes instâncias, a identificação primária não podem mais ser entendidas como atos breves, únicos, pontuais, e sim como fenômenos repetitivos, *atuais*, que acompanham cada um durante a vida, que com certeza modificam seu lugar e suas relações respectivas, mas que são indestrutíveis.

É este o espaço teórico em que desejamos intervir para propor remanejamentos.

SEGUNDA PARTE

O discreto e o contínuo

1

Um estranho banquete

Que intuição, que ponto obscuro do judaísmo – com certeza jamais explicado como tal – recobre a noção de banquete totêmico?

O enigma jaz – sabemos isso graças a Abraham e Reik, mas também a Lacan, até mesmo a Kierkegaard – nas vizinhanças da festa do *Kippur*, onde vêm confluir os principais temas do judaísmo: o sacrifício de Isaac, o bezerro de ouro, a pureza, a expiação.

Seguiremos o conselho de Abraham a Reik, buscar a chave não na própria cerimônia do *Kippur*, mas nos ritos que a precedem.

Kippur pertence, na liturgia judia, a um complexo de três festas; uma, *Roch Hachana*, o precede de *dez dias*, a outra, *Souccot*, a ela sucede. Seus vínculos são particularmente estreitos com *Roch Hachana*, ou "Dia do Ano", marcando a criação do mundo. O intervalo que separa as duas cerimônias traz o nome de *Yamim noraïm*, "dias do tremor". A liturgia também nomeia *Roch Hachana* "Dia do *Choffar*", chifre de carneiro, cujo som faz-se ouvir constantemente ao longo das preces desse dia[1].

Com efeito, o exame mostra que o tema principal dessa festa grave não é tanto a criação mítica do mundo, mas o sacrifício de Isaac por seu pai Abraão. O acontecimento é relatado, comentado, martelado com uma insistência lancinante durante os dois dias desse "Dia do Ano".

---

[1] Lembrando, o *Choffar* desempenha apenas um papel menor no *Kippur*. Ele marca solenemente o fim do jejum.

Ora, precisamente as festividades começam por um estranho rito culinário, o *seder*, termo que já merece explicação. Esse nome é dado aos *dois banquetes litúrgicos* que a religião judaica comporta, o segundo sendo o da Páscoa, mas também ao mais importante dos livros judeus depois da Bíblia, o Talmude, designado freqüentemente sob o nome de "seis *seder*" ou *Chas*. Uma mesma palavra pode assim designar um banquete e um livro, aproximação ainda mais perturbadora porquanto existe uma homofonia com o termo usual que designa o livro, *sefer*. Em sua etimologia, *seder* remete à ordenação de uma seqüência, um ordenamento, uma estrutura.

A prescrição desse banquete encontra-se no Talmude[2] e seu ritual definitivo é fixado pelo mestre livro da *Halacha*, o *Choulhane Aroukh*, ou "Mesa Servida", de Joseph Caro[3] – decididamente, oralidade e ritos convergem de todas as partes[4]!

A esse "banquete" – as aspas se impõem – assiste a família ampliada, tios e primos, reunidos nessa noite em torno do patriarca familiar, antes de efetuar o verdadeiro jantar. A atmosfera é grave, numerosas penitências e preces (*selihot*) o prepararam há um mês.

No meio dessa assembléia, que evidentemente evoca o grupo totêmico, encontra-se uma bandeja coberta por um pano. Estaria ele escondendo o animal totêmico que tantas gerações de analistas buscaram?

O que se descobre por trás dele, e onde efetivamente reside a solução do enigma, revela-se, num primeiro olhar, decepcionante. Trata-se não de um animal, mas de *oito* iguarias, em pequena quantidade, da qual cada membro da família vai engolir, após o enunciado de uma fórmula ritual, um pequeno fragmento: beta, alho-porro, tâmara, abobrinha, gergelim, romã, cabeça de carneiro, maçã caramelada. Esse pequeno catálogo torna o enigma total.

A não ser que... o próprio código do rito seja dissimulado em outra parte, em sua proximidade. Efetivamente: nas fórmulas ditas antes da ingestão.

---

2 Talmud Babli, tratados *Keritoth* 10 a e *Horayoth* 12 a.

3 *Choulhane Aroukh* tratado *Kaf Hahayim*, cap. 589.

4 Notemos, no entanto, que hoje só os judeus orientais, *sefardis*, executam inteiramente esse ritual alimentar, simplificado ao extremo pelos judeus da Europa, ou *asquenazes*.

Interrogar os praticantes sobre o sentido de um rito nunca forneceu a razão dele. Da mesma forma, nesse assunto os fiéis interrogados falarão de símbolos, de bons votos para o novo ano, o que corresponde efetivamente a certos elementos contidos nas fórmulas rituais, todas começando da mesma maneira: "Que a tua vontade, Deus de nossos pais, faça com que...".

O exame mais atento desses votos já mostrará uma dicotomia no conteúdo deles. Alguns são "positivos", desejamos uns aos outros que o ano seja *bom*, cheio de *numerosos* acontecimentos felizes. Esses votos são seguidos da ingestão de alimentos-símbolos que apresentam estas características: *boa* como o gosto da maçã, *doce* como o mel, *numerosos* como os grãos de gergelim. Já é espantoso constatar essa estranha manifestação de votos que se exprimem numa atividade alimentar.

Outros alimentos-símbolos têm um caráter particular. Assim, acompanhando o voto que "... nossa nação esteja entre as nações de cabeça e não de rabeira", come-se uma cabeça, de preferência de carneiro, mas pouco importa: a de peixe, de frango, também serve. O que conta é o significante *cabeça*.

Mas o destino dos homens não consiste apenas em doçuras. É preciso também encarar os acontecimentos penosos, conjurá-los: os conflitos com os inimigos, as catástrofes naturais, as doenças que podem surgir, acontecimentos que deixam, todos, perfilar no horizonte a morte, a castração. Que alimentos vão acompanhar esses votos "negativos"? Aqui, a noção de alimentos-símbolos se dissolve totalmente: encontraremos a beta, o alho-porro, a tâmara, a abóbora, etc. De que uma abóbora – ó espíritos de cinderela! – pode ser o símbolo?

É preciso introduzir o nome hebraico desses vegetais para atingir o momento principal da decifração.

NOME DO VEGETAL	NOME HEBRAICO	VARIANTES
beta	*salk*	
alho-porro	*krati*	
tâmara	*tamar*	alho = *toum*
		favo = *poul*
abóbora	*krâ*	

Um primeiro voto dessa segunda categoria consiste em desejar "que *desapareçam* teus inimigos e aqueles que nos querem mal". A palavra "desapareçam" dessa sentença, antes de comer beta, diz-se em hebreu *ystalekou*, do verbo *silek*. Notaremos imediatamente a homofonia com *salk*, a beta.

Nas mesmas condições, enuncia-se "que sejam *decepados* os teus inimigos", etc, ou seja, em hebreu *yekaretou*, do verbo *karet*, em homofonia com *krati*, o alho-porro.

A maldição dos inimigos é ainda reforçada por um terceiro voto análogo: "Que sejam *aniquilados*", etc, ou *yetamou*, em homofonia – medíocre – com *tamar*, a tâmara. Em certos ritos locais, foi melhorada a equivalência dos sons substituindo-se a tâmara pelo alho, a vantagem dessa variante estando em fornecer o som *toum*. Em outros lugares, prefere-se colocar o favo, *poul*, que permite uma nova maldição aos inimigos: "Que *caiam*", *yepoulou*.

Enfim, um último voto pede para *anular* maus decretos divinos a nosso respeito, *tikrâ*, associado à abóbora *krâ*.

A natureza do procedimento, repetido pelo menos quatro vezes, não deixa dúvida, não se trata de uma coincidência fortuita, mas de uma propriedade sistematicamente buscada: *as iguarias do banquete simbólico só se encontram ali por seu nome, pelos fonemas que contêm.* Não se chega até a trocar a tâmara pelo alho? *Elas são o suporte de sons, de significantes.*

A invocação da morte faz surgir a pura dimensão fônica do significante. Mas ao rito não basta a imaterialidade da voz, ele injeta os fonemas numa materialidade alimentar. Ora, um significante materializado torna-se o equivalente de uma escrita[5]. *O alimento torna-se uma letra.*

O procedimento evoca o rébus ou a escrita hieroglífica tanto quanto as técnicas do Midrach. Ele se completa com o ato de comer.

Assim conseguimos extrair esta significação latente do *seder* – incorporar, comer palavras, escrita – em que, segundo a expressão de um autor fundamental nessas questões, São João, "A palavra torna-se carne e mora entre nós". Seria este o verdadeiro "banquete totêmico" freudiano, essa

---

[5] J. Lacan, "l'Instance de la lettre dans l'inconscient", in *Écrits*, Paris, Le Seuil, 1966.

devoração do pai: *comer escrita em comum, momento fundador do sentimento de grupo num ato canibalesco singular, manifestando com brilho essa paixão, amor e ódio misturados, do ser humano pelo significante.*

O lugar dessa cerimônia no calendário lhe confere todo o seu alcance. Por ela iniciam-se todas as festividades que marcam o Ano Novo. Ela simboliza o ato primeiro da criação do mundo, ou seja, para cada um o ponto de onde emerge sua psique.

Nesse momento privilegiado, por sua inscrição de significante, o homem renova o pacto fundamental que o liga à linguagem.

2

Da escrita ao Livro

O fenômeno que acabamos de evidenciar – comer palavras, comer escrita – parece abrir, como após uma penosa ascensão, uma perspectiva sobre uma ampla paisagem que compreende tanto a teoria psicanalítica quanto a sua clínica, mas, para além, uma compreensão refrescada da psicologia das religiões, de certos fatos culturais enigmáticos. Voltaremos a isso.

Parece primeiramente mais urgente ampliar a fina brecha aberta pela decifração de um único rito alimentar judeu ao conjunto das maneiras de mesa do judaísmo.

Já estamos aqui avisados de que o homem não mantém com seus alimentos uma simples relação de necessidade, que o *nome* do alimento, seus atributos simbólicos têm na subjetividade um papel que Lévi-Strauss[1] descobriu já nos primitivos, para quem "as espécies naturais não são escolhidas porque "boas para comer", mas porque "boas para pensar". Nesse plano, os seres humanos são todos primitivos.

A associação do verbo ao alimento é um dado maciço do ritualismo judeu. O homem piedoso não consome uma parcela de alimento sólido ou líquido sem pronunciar uma fórmula ritual de benção *bracha*. Não só a fala precede a incorporação mas a segue, criando uma espécie de "sanduíche"

[1] C. Lévi-Strauss, *le Totémisme aujourd'hui*, *op. cit.*

simbólico em torno de tudo o que ele engole. O alimento é assim consagrado[2], santificado, ele muda de natureza por essa infiltração de falas.

Além disso, convém, à mesa, trocar palavras de Torah, sem o que o ato de comer, dizem os sábios, torna-se idolátrico, bestial. Esse cortejo simbólico eleva o ato animal de comer ao nível de uma atividade adaptada à natureza humana.

Mas o conjunto desses ritos acompanhadores da comida, tão importantes, constitui uma espécie de aplicação *externa* do verbo à carne, superficial, que não justifica sozinha nossa afirmação de que há "comer palavras".

Sabemos que o judeu piedoso não consome qualquer comida, mas apenas aquela dita *cacher*, isto é, conforme a um vasto complexo de interditos alimentares, a *cacheroute*, peça mestra da *Halacha*. Nenhum fiel comerá uma carne, uma lata de conservas se elas não trouxerem junto com a carne ou num rótulo o selo rabínico. Não é excessivo afirmar que essa marca é incorporada ao mesmo tempo que o alimento[3], mas essa escrita ainda pertence à relação extrínseca.

Uma tentativa de decifração da própria *cacheroute*, para além dos ritos que a duplicam, implica o exame direto de suas regras. O núcleo dela está consignado no Levítico. Mas ela é doravante inseparável dos comentários, acréscimos, complicações que a exegese rabínica trouxe para ela, verdadeiro maqui legislativo disperso em obras de difícil acesso: vários tratados talmúdicos – mas principalmente *Houlin* –, a obra jurídica de Maimônides e de Joseph Caro, sem esquecer os textos cabalísticos que justamente tentam explicar a razão, tarefa evidentemente esmagadora. Felizmente, vários autores já realizaram, mais ou menos completamente, essa compilação. O rigor de nossa iniciativa exige só recorrer àqueles que são "ortodoxos", isto é, que ficaram mais próximos da tradição. Escolhemos,

---

[2] Mecanismo que deve, é claro, ser aproximado da consagração da hóstia, sobre a qual voltaremos.

[3] Essa observação deve ser aproximada do que Wolfson escreve em seu livro, *le Schizo et les langues*, Paris, Gallimard, 1970.

entre eles, a obra clara e cômoda de I. Grunfeld, *Jewish Dietary Laws*[4], que expõe de modo sucinto essas regras e suas principais justificações.

Grunfeld resume de imediato a posição predominante dos teólogos judeus: as leis da *cacheroute* constituem o elemento mais importante da religião judaica. Segundo ele, elas literalmente "petrificaram o caráter da nação judia" conforme a expressão bíblica que invariavelmente acompanha o enunciado delas: "E vós sereis santos como eu sou santo[5]".

Assim, ele não faz mistério: o efeito principal esperado da *cacheroute* é *psicológico*, ele funda o sentimento comunitário num mecanismo de identificação. Um autor tão eminente quanto Maimônides quis propor outras razões, higiênicas e médicas, para essas leis dietéticas, mas a tradição as rejeitou, considerando que o aspecto moral e psicológico prevalece sobre qualquer outra consideração.

Como, pois, regras alimentares possuiriam um efeito moral e psicológico? A escuridão começa aí e é espessa, causando importantes divergências entre comentadores que, no entanto, partilham a mesma intuição: o alimento tem um efeito psíquico. Não sabemos que o consumo de alguns produtos, álcool, drogas, psicotrópicos, age poderosamente sobre o espírito? Por que, de modo mais sutil, *todo* alimento não teria um efeito positivo ou negativo sobre a psique? Corpo e mente não formam uma unidade? afirmam os teólogos judeus, numa espantosa posição materialista. O efeito da matéria sobre o espírito teria sido *revelado* aos homens na *cacheroute*, como saber divino, enigmático, impenetrável.

Convém lembrar o que tínhamos começado a dizer: a *Halacha*, conforme a dicotomia estrutural do judaísmo, comporta dois tipos de regras, as *michpatim*, leis inteligíveis racionalmente, as *hokim*, que a razão não pode de imediato penetrar. É evidente que as leis alimentares pertencem a essa segunda classe, ao lado, estranhamente – Grunfeld não deixa de ressaltá-lo –, das que regram a sexualidade. Aliás, o primeiro interdito divino dirigi-

[4] I. Grunfeld, *Jewish Dietary Laws*, Londres, Soncino Press, 2 vol., 1972.

[5] Cf. por exemplo Levítico, II-44. A palavra *razão* diz-se *ta'am* em hebreu e também significa o *gosto* de uma iguaria. Por outro lado, Maimônides, ao explicar em seu *Guia* o sentido alegórico do verbo *comer*, o traduz por *saber*.

do a Adão e Eva diz precisamente respeito a esses dois âmbitos. O homem não deverá comer do fruto proibido. Por quê? Porque essa ingestão lhe abriria as portas do Saber e a primeira descoberta que o casal original fez após a sua transgressão foi precisamente a de sua "nudez", de sua natureza sexual, tendo por primeira conseqüência a *morte*. As leis alimentares se deduzem desse acontecimento primeiro por caminhos obscuros. Essa reflexão sobre o "pecado original" subentende em definitivo nosso esforço presente.

Como, com efeito, não notar o estranho paradoxo: comer um objeto acarreta um saber? Ora, existe um saber, e particularmente o mais fundamental, o da divisão sexual, da castração da mulher, que não seja *articulado*, isto é, constituído de significantes? Assim, o fruto proibido era potencialmente uma escrita, o que precisamente queremos verificar na *cacheroute*.

As leis alimentares compreendem – era preciso esperar por isso e o número *dois* constitui a *cifra* de toda a operação bem como provavelmente do conjunto do judaísmo – dois aspectos de importância desigual quanto aos produtos vegetais e à alimentação à base de carne.

A *cacheroute* vegetal parece de importância menor. Todas as frutas e legumes são em princípio permitidos, o vegetal revelando assim uma espécie de inocência. O homem primeiro é imaginado vegetariano pela tradição. Seria a partir do Dilúvio, por causa da evolução antes degenerativa da espécie humana, que os descendentes de Noé começaram a se alimentar de carne com as primeiras regras limitando esse regime. Todas as espécies vegetais são lícitas, à exceção, importante, dos produtos obtidos pelo cruzamento de espécies.

A essa exceção se acrescentam outras limitações, menores aparentemente, que no entanto abrem uma via de explicação para o conjunto das regras alimentares. Elas repousam sobre o mesmo princípio: uma colheita só pode ser consumida após ter sofrido uma série de retiradas, primícias, dízimo, parte pontifical ou *terouma*. Esse princípio percorre de um lado ao outro todo o rito: cortar, separar num *continuum* um resto de estatuto sagrado que deve retornar a Deus ou a seus sacerdotes. Essa preocupação de sublinhar a função de um *resto*, objeto perdido para o sujeito, conhece múltiplas manifestações, a mais conhecida sendo a circuncisão. A rigor, o próprio povo judeu se considera como que encarnando, em relação à comunidade humana, esse resto consagrado.

Que significa esse rito essencial? Lévi-Strauss mostrou, a partir de outros campos de estudo, que encontramos aí, *statu nascendi*, a emergência do simbólico, constituído pelo corte de uma fração numa série contínua, transformada em série de elementos descontínuos, discretos. O mundo real dos alimentos vegetais, crivado por esses furos, pode entrar numa grade classificatória, pertencer *intrinsecamente* à ordem simbólica[6]. Comer tais alimentos vai assim ao encontro da lei de incorporação do simbólico.

Com a alimentação à base de carne, essa lei atinge seu pleno rigor.

A grande razão bíblica, que condensa em definitivo todas as significações do comer *cacher*, é a identificação, pela oralidade, com Deus, com o Yahvé judeu que não tolera nenhuma materialidade, nenhuma representação. Não há aí paradoxo? Como a *cacheroute* o resolve?

Examinamos longamente a resposta trazida pelos primeiros psicanalistas: os judeus só comem certos ruminantes porque, na verdade, estes eram originalmente suas verdadeiras divindades, seus totens. Ao ingeri-los, identificam-se com eles. Essa tese levanta uma multidão de questões, algumas já examinadas, sem mesmo dar conta do conjunto dos dados. Por exemplo: por que tal espécie de peixe é permitida, tal outra não? Ela negligencia a complexidade dos ritos, contorna o interdito veemente de toda absorção de sangue, no entanto alma mesma do totem, o que facilitaria enormemente os mecanismos identificatórios.

Mas ela sobretudo supõe que, sob formas mal veladas, o monoteísmo judeu continua sendo um paganismo. Assim, essa resposta dos psicanalistas vai contra a experiência milenar de um povo do qual se poderia dizer que a única razão profunda de existir como diferente deve-se a esta função: quebrar os ídolos. O grande equívoco de Freud e de seus primeiros alunos foi – cabe a Lacan o mérito de tê-lo mostrado – esse estranho desconhecimento

[6] Caracterizaremos, após Lacan, a ordem simbólica ou linguagem por duas propriedades: o descontínuo e a articulação. Essa primeira decifração evidencia a primeira, a segunda nos aparecerá em breve.

da significação de um dos mais prodigiosos acontecimentos da história humana: a emergência do monoteísmo. Ao inverso de Kierkegaard, Freud o judeu não quis entender a virada radical da subjetividade humana representada pelo sacrifício fictício de Isaac, o qual foi trocado pelo carneiro. Abraão manifestou o fim definitivo do culto de ancestrais animais imaginários. Sobre o Moriah encerrou-se o culto de Ram e de seus equivalentes. A resposta ao enigma da identificação, trazida pela tradição judia, situa-se nos antípodas. Antes de examiná-la, situemo-la brevemente.

A alimentação à base de carne inevitavelmente implica uma pesada violência, um assassinato, o sangue derramado. Como esse ato não faria eco a essa carga agressiva, sempre a ponto de brotar, tão característica de nossa espécie? Por isso convém tratar essa questão, como faz a tradição judaica, com muita prudência, em todo caso com ritos precisos que como sempre estabelecem compromisso entre violência e remorso.

Será o rastro desse remorso latente que ressoa na ternura tão grande em relação ao animal de que dão mostra tanto os textos bíblicos quanto os talmúdicos? Não separar um bezerro de sua mãe nos sete dias que seguem o nascimento; um homem nunca deve se pôr à mesa antes de ter alimentado seus bichos; os animais têm direito ao repouso sabático; não se deve sacrificar ao mesmo tempo animais parentes próximos, atrelar juntos o burro e o boi: são estas algumas das telas que o texto bíblico interpõe entre o animal e a crueldade humana. Nos pontos de exacerbação pulsional, o rito multiplica as proteções.

Costuma-se ignorar que o judaísmo considera seus rituais como particulares, sem vocação universal, ligados à sua função de sacerdote do monoteísmo e de que os gentios estão totalmente dispensados. Porém uma lei alimentar lhe parece indispensável de ser respeitada por todo homem digno desse nome: nunca retirar e consumir um membro de um animal ainda vivo. Ela pertence às sete leis fundamentais que toda a humanidade, dita *noachide*, deve respeitar.

Nesse contexto, a teologia judia, no sentido contrário das especulações dos primeiros analistas, contém uma teoria da identificação primária, de tipo *negativo-passivo*: a identificação com a santidade de Deus se faz *evitando* cuidadosamente a identificação com o animal, colocando a tela do rito entre si e sua crueldade inevitável, protegendo-se de toda sujeira.

O que queremos mostrar vai além. Uma teoria *positiva-ativa* da identificação existe implicitamente no judaísmo, completando, sustentando a precedente. A meu conhecimento, ela nunca foi explicitada. A identificação com Deus se faz incorporando essa "parte" que com ele coexiste desde toda eternidade, pela qual e na qual a ação divina se desdobra: o Verbo, a Lei, a Torah.

Para mostrá-lo, é preciso, por conseguinte, entrar no detalhe das regras que conduzem do animal ao prato cozinhado *cacher*, regras que parecem num primeiro momento complexas, inextricáveis. Vamos constatar que obedecem a algumas leis simples.

A primeira poderia se chamar *lei histórica* ou *teórica*: *os ritos à base de carne repetem em suas grandes linhas as antigas regras do culto sacrificial* que se desenrolava no antigo Templo de Jerusalém. Apesar de sua destruição, o *Hourban*, os ritos perpetuam a lembrança, a memória ancestral do grupo.

Lévi-Strauss nisso insistiu após Freud: o rito, religioso ou obsessivo, sempre se sustenta de um mito, mais precisamente de um mito relativo à origem que o grupo se supõe. O rito aparece como um mito – tanto uma página de História ou de lenda – petrificado, uma "fala congelada".

O conjunto dos ritos e da mitologia fundadora, das lendas, da história real de um grupo se agrega numa memória notável a cada momento do rito que a resume, num lugar de sincronia, instância materializada em certos povos e, antes de mais nada, entre os judeus: a do Livro, com sua dimensão de História.

Comer *cacher* põe assim em ressonância esse primeiro conjunto de fatos, da mais alta importância subjetiva.

A particularidade do judaísmo se deve à impressão dessa estrutura não numa simples cerimônia "simbólica", mas num tecido ritual que injeta o Verbo no mais íntimo do alimento. Ela chega a isso pela segunda lei, ou *lei prática*, que consiste em aplicar uma sucessão de triagens, de separações em duas classes, o permitido e o proibido. Cada etapa desse processo tem início num contínuo e se acaba num descontínuo.

Essa operação já foi evocada a respeito do vegetal. Ela se desenvolve em toda a sua amplidão com o alimento à base de carne, em que ela se encontra repetida um número elevado de vezes.

No conjunto dos seres animais, uma primeira triagem maciça afasta a ordem dos invertebrados para só guardar a dos vertebrados, depois, nesta, só aceitar como permitido mamíferos, pássaros e peixes, rejeitando como abominação os répteis. Essas duas primeiras triagens de imediato provocam algumas reflexões.

A proscrição dos invertebrados – assim como a dos répteis, que obedece às mesmas razões – esclarece um traço fundamental do judaísmo, encontrado para além dessas questões alimentares[7]: só é admitido o objeto preciso, definido em sua forma e seus limites, articulado. Ao contrário, aquele de caráter "viscoso e mole", que apresenta uma forma flutuante, caráter evidente de muitos invertebrados, moluscos e vermes de todas as espécies, repugna – considerado como a impureza suprema, dificilmente inferior à do cadáver. O modo de locomoção de muitas dessas espécies animais, a *reptação*, relacionada à variação de morfologia que evocávamos, parece desempenhar um papel importante nessa repulsa. Tudo o que rasteja é chamado *cherets*. Não será a maldição que marcou a serpente após a falta do jardim do Éden – em que verificamos a articulação constante do rito e do mito?

Mas por que precisamente rastejar seria uma maldição? Uma explicação vem à mente: rastejar é manter um contato estreito com a matéria, a terra. Freud admitia que esses termos simbolizavam a mãe – como o equívoco da linguagem sugere diretamente. A reptação, a adesividade à terra, aparece como a grande figura do mal, não forçosamente do incesto, mas da não separação fusional. A visada profunda dos ritos alimentares confirma-se como busca de uma interposição, no ponto em que o sujeito tende mais facilmente a voltar a seu lugar de origem, da ordem separadora do simbólico, ela opõe o que é erigido e desejante ao rastejante, a elevação do pensamento à sua confusão. Atrás da grade formal de uma classificação, a cada etapa se entrevê sua razão, a do desejo e a de uma ética, temperança particular do gozo.

Esses desenvolvimentos parecem contestados por uma modalidade particular de invertebrados: os insetos. Não são eles desprovidos do caráter

---

7 Por exemplo, na legislação sobre o empréstimo.

de viscosidade e de aderência e perfeitamente definidos, não são eles articulados, daí seu nome científico de artrópodes? Sem dúvida, mas aqui a articulação, sob forma de carapaça, é externa, não interiorizada como um esqueleto. Desprovido dela, o animal perde esse caráter articulado que não lhe é íntimo, estrutural, mas superposto, ele se torna semelhante aos outros invertebrados. Em socorro desses poucos argumentos, pouco convincentes à primeira vista, vem uma estranha exceção: um inseto entre todos é considerado como *cacher*, uma variedade de grilo que, segundo o Talmude, teria a particularidade de ter inscrito naturalmente sobre seu corpo, graças a um jogo de escamas pigmentadas, uma escrita, a letra *Alef*. Esse caso particular, sem grande importância prática, tem o mérito teórico de nos confortar em nossa hipótese: a *cacheroute* visa imprimir a escrita *no* alimento. Quando ela já existe...

Numa nova etapa, cada uma das três classes permitidas vê-se submetida a uma nova triagem, principalmente segundo critérios anatômicos – reveladores, diz com pertinência a tradição, da psicologia desses animais –, mas também conforme os modos da espécie, com a mesma finalidade: evitar o consumo de animais cruéis, "vivos" demais (Grunfeld), isto é, que manifestem uma certa exaltação do corpo. Comê-los conduziria a identificar-se com eles, a privilegiar as atividades físicas em detrimento do espiritual.

Notemos que os critérios anatômicos que servem para a separação são sempre duplos. Assim, entre os mamíferos só são permitidos os ruminantes, com a segunda condição de possuírem cascos rachados. A triagem se faz assim não só segundo dois caracteres – o casco *fendido* insiste no imperativo dual –, mas estes são, além disso, independentes. O animal permitido "articula", pela coexistência deles na unidade de sua anatomia, esses dois traços irredutíveis. Ele parece trazer como em impressão a noção de estrutura. Os peixes obedecem a essa mesma lei dos dois critérios articulados. Devem possuir, para serem permitidos, a um só tempo escamas e *dois* ouvidos simétricos. Encontrando-se por aí mesmo eliminadas todas as espécies de morfologia reptilóide – enguias, por exemplo –, viscosa, imprecisa.

O estatuto dos pássaros é menos claro. São eliminados aqueles que apresentam a anatomia das aves de rapina: bico e garras. Mas, além disso, uma segunda característica bem vaga é colocada em jogo: a "vivacidade", isto é, as aves que têm uma plumagem viva demais, aquelas que têm grande aptidão para o vôo, que podem se alimentar sem pousar. As aves "ternas" – gostaríamos de dizer pouco narcísicas –, essencialmente as de galinheiro, são mantidas, pois não arriscam induzir por identificação uma exuberância das atividades físicas.

Estando as diferentes espécies definitivamente escolhidas após três triagens sucessivas, a operação crucial seguinte é a do abate do animal segundo um ritual complexo de degola[8], que reproduz o antigo ritual dos sacrifícios. Num plano formal – ao qual atribuímos o lugar prevalecente –, ela culmina na ação obsedante de uma nova clivagem assimétrica: o sangue de um lado, a carcaça do outro, repetição da descontinuidade.

O consumo do sangue é proscrito com excepcional severidade, as precauções para eliminar qualquer rastro são numerosas e precisas. Por quê? Muitas razões já foram dadas precedentemente, mas convém lembrar a principal delas: o sangue é a vida, o suporte da alma do animal.

A tradição insiste no duplo perigo dessa incorporação. Primeiro, o de uma crueza excessiva, de um abuso em relação a uma criatura: não nos contentamos em utilizar a sua carne, mas também nos apropriamos da alma. Por isso é enterrado simbolicamente o sangue do bicho sacrificado. O outro perigo, doravante familiar, é a identificação com o animal precisamente ao incorporar o seu sangue, logo, a sua alma. A transgressão do interdito do sangue é punida com *karet*, com uma morte automática infligida por Deus.

O bicho sacrificado sofre um exame *post mortem*. Toda lesão das vísceras acarreta a sua eliminação.

Estamos, daqui para frente, diante das carcaças de animais puros, sãos, abatidos conforme as regras. O fiel pode consumir essa carne? De modo algum. As operações de triagem, de separação vão prosseguir, até mesmo se intensificar.

Antes de mais nada, só os quartos dianteiros são permitidos, os traseiros, os mais procurados pelos atuais consumidores, são proibidos, clivando

[8] Não diz evidentemente respeito aos peixes, que não sofrem mais doravante operações rituais antes do consumo e não são considerados "carne".

o bicho em dois. A razão desse interdito está claramente enunciada no relato bíblico da luta de Jacó e do Anjo. O patriarca guardou a vantagem, o que lhe valeu seu novo nome de Israel, "forte contra Deus". Por outro lado, o Anjo lhe deslocou o quadril e Jacó-Israel daqui por diante será coxo.

Em lembrança desse acontecimento essencial de onde emergem a um só tempo um povo e um significante novo, Israel, a Bíblia prescreve um rito alimentar: "Por isso é que até esse dia os israelitas não comem o nervo ciático que está no encaixe do quadril, porque ele [Deus] havia marcado Jacó no encaixe do quadril, no nervo ciático[9]", interdição ampliada por razões práticas ao conjunto dos quartos traseiros do animal. O vínculo entre a "mito-história" e o rito é aqui eloqüente: o rito alimentar lembra, transmite a história do grupo humano em questão num lembrete incontornável, ele assegura por aí a coesão do grupo.

A parte restante sofre uma nova clivagem: as gorduras viscerais são proibidas. A razão misteriosa desse novo mandamento parece tocar no essencial. O Levítico contenta-se em indicar que "Toda a gordura é de Deus", isto é, a melhor parte, a substantífica medula*, encontrando a longa série de retiradas já efetuadas: *terouma*, primícias, dízimo. Essa parte encarna em si, como um excesso de gozo, um mais-de-gozar, de que é preciso se separar para assegurar um gozo regrado, mediatizado, numa ordem cultural que preconiza o descontínuo.

A esses dados, doravante assegurados, Grunfeld acrescenta uma nova perspectiva que os psicanalistas apreciarão, inteiramente no espírito do Midrach: a gordura visceral deve ser proibida por causa de seu nome, *helev*, muito próximo em sua fonética e em sua escrita de *halav*, o leite. Ora, logo o veremos, o último interdito alimentar, fundamental, diz respeito à proscrição da mistura leite-carne. Esse autor rabínico confirma assim nossa chave de compreensão: um alimento entra no rito primeiramente por seu nome. Evitar comê-lo permite não incorporar uma certa escrita considerada ruim.

---

[9] Gênese, XXXIII-33.

* Alusão à famosa frase de Rabelais em *Gargantua*: *Puis, par curieuse leçon et méditation fréquente, rompre l'os et sucer la substantifique moelle* [Depois, por curiosa lição e meditação freqüente, romper o osso e chupar a substantífica medula]. (NT)

As operações de triagem chegam quase a seu termo. Agora resta apenas eliminar os vasos sanguíneos por uma razão evidente, e a carne pode daqui por diante ser vendida como *cacher*.

No entanto, a dona-de-casa deve observar um último rito: lavar e salgar a carne para livrá-la de todo rastro de sangue antes – enfim! – de servi-la à família.

É preciso, no entanto, fazer aqui uma parada. A longa seqüência de separações nos parece ter sido movida de uma ponta à outra pela vontade de criar um descontínuo a partir de um *continuum*, operação essencial na passagem da natureza à cultura. Mas o rito não vai inevitavelmente culminar, apesar de sua obstinação, no fracasso dessa visada? Deve vir um momento em que o resto da divisão será inteiramente bom, *restaurando a ordem do contínuo*?

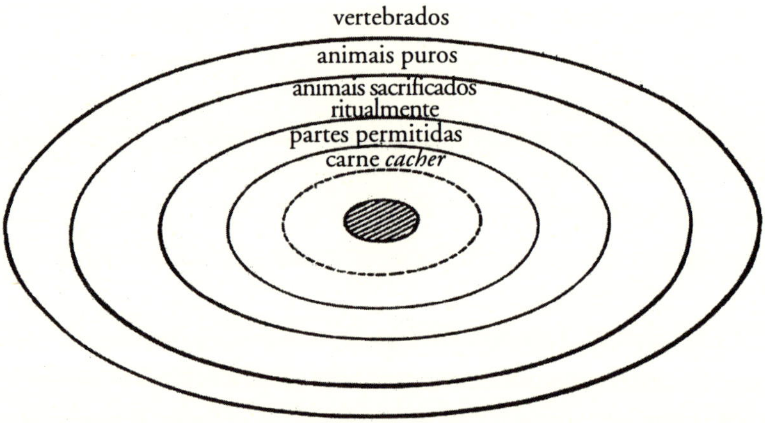

esquema nº 3

O bom senso quer que essa objeção seja rejeitada, pois não vemos como levar indefinidamente a clivagem. Mesmo assim, a tradição judaica consegue esse objetivo através de um último interdito alimentar, o mais estranho talvez, o mais obscuro certamente, que regra a *cacheroute*: a proibição absoluta da mistura *leite-carne*.

O não judeu terá dificuldade em imaginar as conseqüências extremas desse interdito. Bastará saber que nenhum utensílio de cozinha, nenhum aparelho de limpeza deve ser comum ao *milchig* e ao *fleischig*. As precauções a serem tomadas durante uma refeição são imperativas para evitar a mistura. A rigor, seria preciso possuir duas cozinhas diferentes. Essa regra aparentemente anódina, nota Grunfeld, imprime aos lares judeus praticantes sua atmosfera particular.

Sua referência escriturária bíblica encontra-se num versículo repetido três vezes: "Não cozinharás o pequeno [ruminante] no leite de sua mãe". O Talmude estendeu o interdito à ordem das aves e, além, a um uso que não seria alimentar, mas industrial.

Qual é a razão desse interdito? Os teólogos unanimemente confessam que ela é desconhecida do homem ou, como diz um doutor medieval, Ibn Ezra, "a razão dessa proibição foi apagada aos olhos do sábio". Entretanto, certas explicações, julgadas pela tradição insuficientes, mas mesmo assim interessantes, foram tentadas.

Para o Talmude, o leite é apenas sangue transformado pela mama. O contato com a carne apresentaria o risco de um processo inverso. Outras interpretações ligam esse interdito ao conjunto das *kilayim*, ou proibição geral da mistura de espécies diferentes mas que têm certas propriedades comuns: tecer juntos linho e lã, atrelar sob o mesmo jugo o burro e o boi, cultivar em associação certos vegetais, acasalar animais de espécies diferentes. Manifestamente, essas tentativas nos parecem a um só tempo pertinentes e, no entanto, não concludentes.

Karl Abraham[10] encontrou em sua clínica esse mesmo problema e para ele trouxe uma resposta vizinha. Um paciente esquizofrênico – cuja religião não é mencionada – não suportava a mistura leite-carne. "Uma associação me ensinou que o gosto da carne lembrava a ele o do leite, que ambos eram 'gordurosos e açucarados'. Da mesma forma que para o leite, ele podia experimentar um brusco desejo de carne, que *era como se ele buscasse substituir a carne humana*. Daí a via associativa levava à fantasia de morder o seio feminino. A articulação da carne e do leite era revelada aqui". Abraham nos parece satisfazer-se um pouco rápido com essa "articulação"

[10] K. Abraham, *Œuvres completes*, t. II, Paris, Payot, 1977.

que séculos de teologia judia não puderam resolver e que ele expede em algumas linhas – decerto interessantes.

Maimônides merece, sobre essa questão, uma atenção particular, pois ele propõe ao enigma leite-carne duas soluções.

A primeira é médica e dietética. O médico que ele era considerava pouco digerível um prato feito de carne e creme, explicação marginal quanto à visada psicológica do rito: formar a personalidade.

Mas Maimônides também tentou uma segunda hipótese, muito mais sedutora, em que ele pressupõe o vínculo, que não cessamos de sublinhar, do rito e da história-mito. Se a mistura leite-carne parece tão grave, ela deve tocar numa questão grave, fundamental. Ora, a que visam fundamentalmente os interditos hebraicos? A extirpar a idolatria. Podemos, portanto, supor uma conexão entre o paganismo e a mistura leite-carne. Maimônides disso inferiu que devia existir, nos cultos cananeanos pré-mosaicos, um rito que consistia em cozinhar um pequeno ruminante no leite de sua mãe. A proscrição enérgica dessa prática estabeleceu uma ruptura com a idolatria[11].

Ora, essa especulação audaciosa viu-se reconhecida em nosso século graças à descoberta arqueológica dos escritos ougaríticos. De fato existia na antiga Canaã uma festa da fecundidade que consistia em cozinhar um cabrito no leite de sua mãe, acompanhada das habituais orgias sexuais sagradas. A perspicácia do grande talmudista causa perplexidade.

Entretanto, sua resposta só faz deslocar a questão: por que, no imaginário cananeano, esse rito podia favorecer a fecundidade da terra? A resposta parece clara: anulando o interdito do incesto. O que é, com efeito, esse interdito? Lacan o formula excelentemente assim: interdito duplo, por um lado ele visa à mãe numa injunção "Não reincorporarás teu produto!", por outro lado, o filho, que deve renunciar a desejar a mãe. Quando o cabrito

---

[11] Cf. *Encyclopedia judaica*, verbete "Dietary Laws". Talvez isto abra uma via para entender outros interditos, o do porco, por exemplo. Encontramos outro rito idolátrico grego, em honra de Deméter, deusa da Terra, as Tesmoforias. Estas, praticadas pelas mulheres, consistiam em jogar em porões leitões que uma vez mortos e avariados eram misturados com as sementes e depositados num altar. Esse rito, em sua significação, nos parece próximo do de Canaã.

morto "no leite de sua mãe" é colocado num rito dirigido, lembremos, a uma divindade materna, o primeiro termo do interdito fica simbolicamente anulado.

Seja qual for o alcance dessa interpretação, ela não esgota a significação do interdito leite-carne, a chave de abóbada, definitivamente, da *cacheroute*. A função formal, estrutural desse rito vai além, embora englobando-a, da precedente significação.

Até aqui, esse interdito essencial aparece como que isolado no conjunto da *cacheroute* à base de carne. Na verdade, com ela está intimamente articulado e dá acabamento a seu dispositivo.

Com efeito, tínhamos ficado um pouco "em pane" na análise da série de operações de clivagem que culmina na carne *cacher*. Devia chegar um momento em que o descontínuo se aboliria num resto contínuo se... precisamente nesse momento derradeiro, a instauração do interdito radical da mistura leite-carne, cada um perfeitamente lícito, não *reintroduzisse definitivamente o 2*, a clivagem do alimento.

Mas, além disso, essa lei permite, enfim, transpor a dimensão do descontínuo, necessária mas não suficiente para fundar a ordem significante. Ela introduz a segunda dimensão indispensável ao simbólico: *a articulação*. Leite e carne aparecem como dois termos articulados numa oposição binária, um excluindo o outro, segundo a lei sincrônica do significante.

Enfim, essa lei constrói igualmente uma articulação diacrônica, temporal. Com efeito, o uso quer que um banquete, um cardápio apresente uma ordem convencional: entrada-carne-sobremesa. Afinal, nada impede inverter esses termos. O interdito leite-carne cria no banquete judeu uma "sintaxe" imperativa: o sujeito pode consumir leite *antes* de comer carne, mas não pode consumir *depois*.

Assim, não só a mistura leite-carne faz emergir o significante; materializando-o no alimento, ela lhe dá estatuto de escrita, mas, além disso, ela institui uma vetorialização do tempo e, por aí mesmo, um embrião de gramática. *Não são mais palavras que comemos, são frases.*

Aqui estamos no termo dessa análise estrutural da *cacheroute*. O que ela ensina?

Primeiro, essa confirmação da intuição de Freud na *Verneinung* – que o pensamento emerge, constitui suas categorias primordiais na oralidade e na relação com o alimentar. O judaísmo leva as coisas tão longe que acaba por transformar tudo o que ele come, por processos diferentes mas convergentes, num objeto estruturado como uma escrita. Quando o judeu come o mínimo bocado, ele evoca antes de engoli-lo toda uma rede classificatória precisa, ele opera secretamente uma espécie de análise química: o que contém este alimento, de onde ele vem, segundo que rito foi ele preparado? – e em cada um desses ritos está apenso um cacho de fatos mito-históricos.

Depreende-se sobretudo, com uma insistência implacável, a um só tempo na forma como nas significações, o número 2, matriz de toda lógica: verdadeiro ou falso, V ou F, 0 ou 1. Através das clivagens sucessivas, uma tensão se exprime, o antagonismo leite-carne, para que seja mantida a oposição mínima, um 2 sobredeterminado, um 2^n.

Nos ritos alimentares, há uma espécie de *yin-yang* hebraico, uma distância mantida cuja abolição significaria o caos. Tanto através de ritos quanto de discussões talmúdicas, repete-se essa afirmação, que o bem reside na definição precisa dos objetos, na manutenção das descontinuidades e das diferenças, no "bem dizer", o mal, no colapso das distâncias diferenciais.

Karl Abraham, que havia pressentido o caráter binário do edifício ritual judeu, via nele o resquício de um culto primitivo prestado aos ruminantes de cascos rachados: touro, carneiro... Inversamente, nossa inspiração conduziria a colocar que a importância do "casco rachado", tanto nos sacrifícios como nos ritos alimentares, é devida à encarnação do número 2 que ele realiza, à emergência do significante que esse número vem cifrar.

A tese freudiana segundo a qual todo sintoma obsessivo evolui para a realização do voto que ele reprime, transferida para o âmbito religioso, mostraria que a verdade do rito sacrificial hebraico se devia a uma primeira abordagem do que vai assegurar sua preeminência no Talmude e na Cabala: a letra e o número.

Ao inverso do paganismo idolátrico, que fantasiava a fecundidade em suas orgias sagradas, em seus sacrifícios de crianças, por uma volta fantasística e mortífera à mãe, o monoteísmo judeu, por sua Lei do pai, colocava essa fecundidade na acepção do corte, da divisão significante. Assim, o campo aberto pela análise dos ritos alimentares é o da função paterna, esta tendo domínio sobre o sujeito não numa etapa avançada da maturação genital, mas desde esse momento primordial constituído pela relação oral com o alimento, com o seio.

A análise de um último rito fundamental nos permitirá ir mais adiante, ampliar essa intuição à sua verdadeira dimensão.

3

O nascimento do sujeito

O primeiro tempo da decifração dos ritos alimentares judeus pôs em relevo a operação de incorporação de palavras isoladas, de substantivos que fornecem a raiz fonética de um verbo. Depois, a *cacheroute* criou um vasto campo de práticas em que as unidades incorporadas tornavam-se mais amplas, articulavam-se em frases, pegavam em sua rede as "mito-histórias" essenciais de um grupo cultural. Um último rito vai fornecer, pensamos, a chave do conjunto do edifício: a função paterna.

O calendário hebraico apresenta a particularidade de possuir vários Dias do Ano, dois principalmente. No fim do verão, o Dia do Ano cósmico, comemorando a criação do mundo: *Roch Hachana*, introduzido pelo rito do *seder* que foi nosso "sésamo". Também chamado *Dia do Choffar*, ele se coloca sob o símbolo do carneiro sacrificado no lugar de Isaac, ou seja, o fim das divindades animais substituídas pelo Deus único, não representável.

Um segundo Dia do Ano, civil, é celebrado na primavera, o 1º Nissan. Duas semanas mais tarde acontece, durante sete dias, uma das maiores festas judias, aquela da qual todas as outras se deduzem: *Pessah*, ou Páscoa, que celebra a saída dos escravos hebreus do Egito e o *nascimento* da nação judaica. Como *Roch Hachana* está ligado a *Kippur*, *Pessah* articula-se com uma segunda festa essencial, *Chavouot*, ou Pentecostes, comemorando o dom da Lei sobre o Sinai. O animal sacrificado, símbolo de *Pessah*, não é mais o carneiro, mas seu filhote, o cordeiro.

Se os judeus observam durante o ano inteiro um comportamento singular para com o alimento à base de carne, durante os sete dias de *Pessah* eles mantêm em relação aos vegetais e, principalmente, os cereais ritos ainda mais estranhos, particularmente na primeira noite da festa.

Nessa noite, antes do banquete propriamente dito, reunidos em família ampliada em torno de um patriarca, eles participam de um outro banquete ritual, um *seder*, cujos elementos são colocados sobre uma bandeja e cobertos com um pano. Não seria o verdadeiro banquete totêmico freudiano? De novo, uma vez levantada a cortina, não é um animal-totem – embora o cordeiro aí esteja representado – que se descobre, mas uma série de iguarias heteróclitas das quais cada membro do grupo vai retirar um pedaço.

Antes de tentar a decifração desse consumo – apoiando-nos, evidentemente, no saber frescamente adquirido –, ressaltemos uma particularidade desse banquete, ausente dos precedentes ritos examinados: a absorção dos elementos rituais intercala-se como uma pontuação na *leitura de um livro específico a essa festa*, a *Haggada*. A relação com o Livro aqui não é mais latente, mas manifesta, pivô do rito.

Haggada significa conto, mito-história, relato e comentário da época da saída do Egito. Em alguns parágrafos nomeadamente endereçados às crianças, esse texto conta a história do povo judeu, seu nascimento. Assim, de imediato, verificam-se os resultados precedentemente adquiridos, reforçando-os: a relação do rito e do mito, a incorporação do Livro, sobre o qual nos perguntamos se apreende em sua estrutura os alimentos consumidos ou se, ao inverso, suas páginas estão presas na rede dos alimentos rituais – tema de reflexão para um desenho de Escher.

Mas o rito pascal permite ir além de uma verificação; ele permite encerrar por significações essenciais a interpretação dos ritos judeus, examinando os alimentos que dão ao *Pessah* seu caráter: dois vegetais ou derivados, o *maror* e a *matsah*.

Maror na verdade não designa nenhum vegetal preciso, mas toda uma categoria de plantas que podem atender ao atributo "ervas amargas": alface, raiz-forte, salsa e outras variedades, conforme os costumes locais. Como na *Roch Hachana*, a importância se deve não ao significado, mas ao significante *maror*, "amargor", que é comido em lembrança da existência dolorosa de escravos que os hebreus viveram no Egito.

Egito... essa palavra por si só provoca na memória judia profundas ondas, de significações complexas, de que Freud acreditou encontrar a última palavra em seu *Moisés*. O termo hebraico – ou árabe – para Egito, *Mitsraïm*, já guarda conotações importantes: "país estreito", fino vale aluvial do Nilo. Essa particularidade geográfica deu lugar a considerações metafísicas. O povo judeu constituiu-se nesse lugar estreito, nutriente e nocivo, que se tornou, por um jogo de homofonias, lugar de todas as angústias (*tsara*), de perversidade, do incesto. Assim, *Maror* designa essa complexa experiência egípcia, pré-histórica para o judaísmo, ao mesmo tempo incorporada.

A significação da *matsah*, biscoito de pão ázimo, aparece muito mais complexa, o enigma maior de todo o rito. Um primeiro elemento de elucidação é fornecido por Êxodo XXII, que associa essa *matsah* à saída *precipitada* dos hebreus, que não tiveram tempo de deixar o pão levedar. Toda decifração ulterior deverá dar conta desses dados primeiros de explicação, que rápido se revelam insuficientes.

Primeiro, o exame atento de Êxodo XXII revela imediatamente uma contradição. Ele contém os mandamentos ditados por Deus a Moisés, *vários dias* antes do grande acontecimento de libertação, entre os quais aqueles que obrigam a comer ázimo e sacrificar o cordeiro. A noção de precipitação não se compreende mais, estando os hebreus prevenidos de longa data que era imperativo comer ázimo.

Os desenvolvimentos que a tradição dá a essa prescrição vão curiosamente se referir não ao ázimo – *matsah* –, mas a seu inverso, o *hamats*, termo que designa o *levedo*, mas também toda fermentação, mofo. Se a prevalência cabe, em matéria de rito, ao significante, já não é notável que *matsah*/*hamats* constitua um par antagônico de termos e de anagramas, nova ilustração da insistência das leis da linguagem que o rito inculca, com uma violência explícita, no sujeito?

Durante as semanas que precedem a Páscoa, as casas judias são literalmente reviradas, até mesmo pintadas, caixas e armários esvaziados e limpos, à caça da mínima migalha de pão, utensílios de cozinha renovados, os antigos sendo, em certos costumes, deliberadamente jogados fora, no mínimo fervidos. Essa grande arrumação primaveril prepara o lar para a acolhida do novo *Pessah*.

O levedo assim perseguido parece ter na tradição ricas significações: a do "inchaço" evidentemente, no sentido do orgulho e do narcisismo, aquela, vizinha, de "mau princípio", pulsão, que sem dúvida não é tão ruim, mas deve ser contido.

Enfim, o ázimo, aqui apresentado como "pão de miséria" de homens que se precipitam para a liberdade, aparece em outra parte como o alimento nobre por excelência, aquele reservado aos sacerdotes. A Igreja católica guardou essa última lição, já que fará do ázimo sua hóstia.

Manifestamente, a *matsah*, com sua brancura, situa-se numa vasta rede simbólica. Mas por que esse imperativo de consumi-la nessa noite precisamente, que significante e que escrita se trata de fazer com que o sujeito engula?

Utilizemos o ensinamento tirado do *seder* de *Roch Hachana*: certos alimentos fornecem o substantivo de seu nome como raiz de um verbo homofônico, por exemplo o favo, *poul*, servia para introduzir o verbo *yepoulou*, "caem". A *matsah* enigmática desempenharia a mesma função? A consulta de um dicionário vai imediatamente responder, ir mesmo além de nossas hipóteses. Com efeito, a mesma ortografia designa duas formas verbais.

Descobrimos que *matsah* significa "amassar", "espremer" o suco de uma fruta por exemplo. Mas também é uma forma do verbo *matsats*, "chupar". Assim, o ázimo viria condensar dois termos fundamentais: a saída, como de uma fruta madura demais, do povo de Israel do continente egípcio ao mesmo tempo que a relação com o seio, *chupar*.

Nesse ponto, é preciso reler o conjunto dessa epopéia que foi a saída do Egito. Um receptáculo estreito onde os descendentes de um único homem, Jacó, vão se multiplicar tanto que sua presença se revela delicada e, no entanto, sua partida parece difícil. O corpo do Egito é submetido a essas terríveis convulsões que são as pragas[1], repetitivas, prolongadas, até o

[1] Notemos que essas pragas do Egito – sangue, escuridão, vermes, rãs, etc – constituem o catálogo dos objetos fóbicos clássicos.

momento de uma possível expulsão de Israel. Depois, uma espécie de calma entre duas pragas, em que a saída parece anulada até que um novo acme reabra a passagem.

Na décima convulsão, na precipitação e no sangue, produz-se um dos maiores acontecimentos da História, o povo de Israel emerge. Só lhe resta atravessar uma estreita passagem, no meio das águas do Mar Vermelho que formam duas paredes líquidas em torno de uma vereda. O grande corpo machucado do Egito acaba de expulsar, traumatizado, um pequeno corpo, uma nova nação radicalmente diferente dela.

Se essa epopéia tem uma influência tão profunda sobre o leitor, mesmo não judeu, é que ela representa com brilho excepcional uma encenação prodigiosa em que o nascimento de um povo reflete o de cada filhote de homem. Por conseguinte, é espantoso que o primeiro alimento, essa *matsah-chupar*, faça eco ao seio?

Nossa concepção vê-se reforçada pelos textos de Cabala, para os quais o Egito é considerado a Mãe – de todas as culturas e de todos os segredos. A Páscoa judaica representa bem a gesta do nascimento, traumático como sempre, de um grupo humano, em que cada um pode reconhecer seu próprio nascimento. O cristianismo, com sua obstinação em querer encerrar o grande ciclo hebraico, em sua Páscoa, encenará o outro traumatismo, complementar de nascer: morrer.

Não estamos, no entanto, no fim de nosso esforço. *Pessah*, dizíamos, articula-se com *Chavouot*. Aqui, nenhum rito alimentar particular[2], mas os de Páscoa só assumem sua plena significação no só-depois da Pentecostes judaica, comemorando a descida na terra da Torah sob forma de um lembrete, as *dez palavras* ou *mandamentos*.

Dez mandamentos: a expressão evoca dez imperativos. Para nossa surpresa, só contamos nove, o décimo – ou primeiro – é a simples declaração de um Eu [*Je*] majestoso, *Anokhi*, em que o mandamento parece ausente: "Sou Yahvé teu Deus que te fez sair do Egito, do país da servidão", frase repetida de modo abreviado ao longo da Bíblia.

---

[2] Uma tradição vivaz preconiza, nesse dia, o consumo de alimentos *à base de leite*!

A tradição judaica, Juda Halevi por exemplo, via nesse enunciado o princípio de toda a Torah, que poderia inteiramente dali se deduzir. Essa mesma tradição nos ensina que é preciso conceber a saída do Egito não como um acontecimento histórico pontual, mas como um acontecimento *atual*, repetindo-se para cada um "todos os dias de tua vida e todas as noites". Isto é, e não se pode dizer melhor, não como estádio genético individual ou coletivo passado, mas como dado estrutural.

O que seria um "nascimento estrutural" e o que significa esta frase lancinante, "Sou aquele que te fez sair do Egito", acompanhada às vezes desta recomendação: "Nunca mais deverás voltar ao Egito"? Com certeza, a interdição não diz respeito ao país real, e grandes mestres do judaísmo como Maimônides lá habitaram.

Nossa análise nos conduz a decifrar a epopéia e os ritos que a comemoram como uma alegoria, um sonho, que enuncia, numa montagem mais complexa, mas mais precisa, o mito freudiano do Édipo e sua resolução na Lei, a função paterna que é um dito – à mãe, por um lado: "Não reintegrarás teu produto"; ao filho, por outro: "Não desejarás tua mãe que foi meu desejo, não voltarás a seu seio, não retornarás ao Egito".

Todas as peripécias do Êxodo, a sucessão das pragas, a perseguição dos libertados pelo Egito, a saudade dos hebreus de seu antigo país podem, por conseguinte, se inscrever nos dois lábios desse corte: "*Sou aquele que te fez sair do Egito*... Teu nascimento não é um simples processo biológico de expulsão ou de fuga. Te fiz nascer como sujeito por teu próprio desejo".

O nascimento estrutural, que se repete a cada dia, é aquele, simbólico, do advento do sujeito. Só levamos as coisas até aqui para nos juntarmos a Freud e à sua última grande obra: *Moisés*. O que escrevi – afirmava Freud – é escandaloso em relação a meu povo. Em quê? Se há escândalo, não é seguramente no ponto anedótico em que ele acreditou notá-lo: Moisés era egípcio. Já mostramos antes que esse petardo estava molhado. O Zohar chega até a afirmar que cada ocorrência bíblica do termo *egípcio* designa Moisés, e muitos grandes mestres do Talmude eram convertidos até Akiba e R. Meir.

Há escândalo, na obra, mas deslocado. Não só Freud afirma que Moisés era egípcio, mas seus companheiros, os levitas, elite do povo, e sobretudo a religião mosaica, também se tornam, sob a sua pluma, egípcios.

O povo hebreu e sua cultura são apenas um pedaço de Egito, um pseudópode que ela emitiu e que prossegue sua existência egípcia fora das antigas fronteiras. Não há mais corte, saída do Egito, virada da História, *não há mais lugar para o enunciado fundamental: "Sou aquele que te fez sair do Egito, do país da servidão"*.

Reencontramos, sob uma forma nova, o equívoco observado em *Totem e tabu*, a negação neurótica de sua própria cultura. O paradoxo é estranho: o homem que com certeza, desde os mestres antigos, tinha entendido melhor a mensagem, esse pensador que reintroduz num Ocidente esvaecido a função paterna, é aquele mesmo que, em seu último sopro, nas dores do câncer, acaba por inverter seu próprio ensino, por edulcorar, senão restaurar o todo-poder materno.

Aqui estamos – quase – no fim de nossas penas na construção desta tese: a função paterna apreende o homem desde o nascimento em sua relação primeira com o seio. Ela superpõe à atividade biológica de nutrição o campo do desejo, que se opera num jogo dialético de demandas. A instalação da estrutura com suas separações e suas clivagens, a identificação com o pai e, mais além, com o grupo, a emergência da Lei que regula o desejo operam-se longe das errâncias totêmicas[3], nesta alegoria fantasmática e real: *comer o Livro.*

---

[3] Por outro lado, parece que encontramos a inspiração de Reik em torno do *Brith*, contrato de aliança, completando-a: o sujeito come esse contrato.

4

A escrita e o fogo

Uma objeção imediata surge de nossos precedentes desenvolvimentos: se a operação *comer o Livro*, inteiramente extraída dos ritos judeus, tem neles o papel fundamental que lhe atribuímos, por que não seria ela mencionada *explicitamente* nos textos hebraicos? Ela o é, ainda que pareçamos não notá-la no lugar eminente que ocupa.

A respeito do ordálio, que, num certo momento, reteve a atenção de Freud, já havíamos assinalado[1] o da *sota*, aplicado à mulher suspeita de adultério, em que esta é forçada a engolir, dissolvida na água, a escrita de versículos bíblicos. O desafio desse julgamento de Deus é, evidentemente, trazer resposta à questão, conjectural entre todas, "Quem é o pai?".

Mas encontramos, sempre de origem talmúdica, outras práticas estranhas, relativas, desta vez, à criança que *começa a aprender a ler* – que prestem bem atenção nesse detalhe. Essa criança recebe para comer o primeiro ovo de uma galinha sobre o qual o mestre escreve uma fórmula que menciona o Nome. Costumes pedagógicos relativos estão ligados a essa prescrição. Em certas comunidades, a primeira aula de leitura consiste em escrever numa tabuleta certas letras em seguida recobertas de mel[2]. Nessa primeira vez, o jovem aluno não tem de decifrar as inscrições, mas lamber o mel até o apagamento – logo, a incorporação – da escrita. Práticas análogas consistem em preparar para o jovem aluno doces em forma de letras

---

[1] Acima, p. 35.

[2] A escolha do mel, em breve veremos, não é indiferente e ultrapassa o caráter gustativo.

que ele comerá. A explicação imediata desses costumes pedagógicos – associar uma experiência gustativa agradável ao estudo, por conseguinte deslocar para este último o gozo oral –, remetida ao campo que tentamos trilhar, parece bem irrisória.

Nosso tema é encontrado numa lenda medieval judia, a do *Golem de Praga*: um cabalista, tendo conseguido penetrar os mistérios últimos da criação do homem, conseguiu fabricar uma estátua de barro que se torna seu servidor e guarda-costas. Como o criador confere ao colosso de argila motricidade e inteligência? Colocando em sua boca um manuscrito que traz fórmulas mágicas. Quando a criatura escapar ao poder de seu mestre, bastará que este retire o manuscrito para que ela retorne a seu estado de argila[3].

Por esse conjunto de exemplos, a noção "comer escrita" como origem da humanização, para além de nossas próprias especulações, demonstra-se profundamente enraizada na tradição judaica. Precisamente num texto bíblico de grande alcance: os dois primeiros capítulos de Ezequiel, considerado, por causa desse texto, como o maior profeta após Moisés.

O livro de Ezequiel abre-se com uma visão, *maassé mercaba*, a do carro celeste ou trono de Yahvé. Lá vemos primeiramente descritas quatro estranhas criaturas, cada uma possuindo quatro rostos de animais. Depois, a visão, diante do profeta literalmente petrificado, acentua seu fantástico até que, quebrando essa fascinação muda diante de um mundo sem palavras, a voz de Yahvé interpela Ezequiel, intima-o a diferenciar-se dos outros humanos, rebeldes à Lei, experiência extática que encontramos em outros profetas. Mas sua conclusão é única:

> "'E tu, filho do homem, escuta o que vou te dizer. Não sê rebelde como a casa de rebelião. Abre tua boca e come o que vou te dar'. Olhei e eis que uma mão se estendia para mim e nessa mão havia um rolo de livro. Ele o desenrolou diante de mim e o rolo estava escrito, frente e verso, e continha lamentos, queixas e gemidos.

---

[3] Numa variante da lenda, o manuscrito é substituído por uma escrita direta na testa.

> E ele me disse: 'Filho do homem, come o que encontras aí, come esse rolo e vai falar à casa de Israel'. Abri a boca e ele me fez comer esse rolo. E ele me disse: 'Filho do homem, nutrirás teu ventre e encherás tuas entranhas com esse rolo que te dou'. Comi-o e ele se tornou em minha boca tão doce quanto *mel*. Ele me disse ainda: 'Filho do homem, de pé! Vai à casa de Israel e comunica a eles as minhas palavras'".

Texto impressionante! Mas cujo alcance não pode aparecer numa primeira leitura.

Toda a especulação cabalística adquire sua força a partir de dois textos: o início dos livros do Gênese (*maassé berechit*) e de Ezequiel (*maassé mercaba*), isto é, o texto que estamos examinando. A tradição esotérica lhe deu a importância extrema de resumir em algumas linhas os maiores mistérios. Por conseguinte, parece menos surpreendente colocar nosso *comer o Livro* como chave dos ritos alimentares judeus.

Além disso, o texto de Ezequiel tem o mérito de fornecer novas significações a esse mecanismo fantasmático fundamental. Ele encerra uma primeira etapa da visão, em que o profeta não fala. Depois, uma voz, a do Pai com certeza, ressoa e quebra a fascinação: "*Come esse livro e vai falar...*". A incorporação do Livro, rito iniciático, revela-se prévia indispensável para que o "filho do homem" possa falar. Se a Bíblia representa o lugar onde emerge e se constitui a relação do homem com o significante[4], seus episódios tornam-se a metáfora dos momentos principais em que cada sujeito – você e eu – se constitui – daí a impressão profunda sentida pelo leitor da Bíblia, para além de suas origens e convicções. Os dois tempos da *maassé mercaba* nos dariam o segredo da história de cada um, primeiramente *infans*, submetido à linguagem decerto, mas ainda não capaz de falar, depois adquirindo a fala. *Comer o Livro torna-se o mecanismo pelo qual a criança adquire sua língua.*

---

[4] Concepção tomada de J. Lacan. Cf., em particular, seu seminário: *A angústia* (não publicado).

Temos de novo que refrear nossa impaciência em retirar as conseqüências – clínicas em particular – dessa concepção, para desdobrá-la até a sua plena extensão e permitir a melhor colheita.

Desdobrá-la, mantendo-se ainda algum tempo no particular do judaísmo.

À primeira vista, com efeito, o texto de Ezequiel parece único. Foi preciso que a história de Israel se rompesse na Babilônia para que esse profeta do exílio conseguisse retirar do ensinamento mosaico esse tema novo. Vamos mostrar que ele estava latente desde os primeiros passos do ensino profético – *ao preço de uma equivalência, a da escrita e do fogo.*

A equivalência *escrita* ~ *fogo*, de alcance considerável e que vai nos reter por muito tempo, nós a tiramos sem esforço do próprio Midrach, precisamente das primeiras linhas do Midrach Tanhouma, para o qual a escrita primeira, a da Lei dos dez mandamentos, compunha-se de fogo: "E a Torah, com o que foi ela escrita? Com um fogo negro sobre um fogo branco[5]".

Comer escrita corresponderia, então, a comer fogo e, portanto, a queimar os lábios, queimadura que os abre ao ato de fala, não sem lá deixar uma cicatriz indelével – quem ignora, a partir de Freud, que a boca é o lugar privilegiado de uma queimadura pudicamente chamada pulsão?

A transformação

comer o livro ~ *comer fogo* → *cicatriz labial*

permite reencontrar a experiência de Ezequiel em cada um dos grandes profetas, ainda que só parcialmente.

Primeiro no maior, o próprio Moisés, de quem sabemos pela Bíblia que sua boca trazia uma enfermidade. De onde vinha ela? O Midrach, em sua reconstrução da infância de Moisés, havia elaborado o seguinte relato, próximo dos mitos edipianos tradicionais: Moisés, ainda *infans*, brincava no colo do avô adotivo, o Faraó. Num dado momento, para estupefação da corte, ele tira a coroa real da cabeça do soberano e a coloca na sua. O desejo

---

[5] Cf. a tradução que damos em nosso livro, *l'Enfant illégitime*, desse Midrach, p. 277.

é transparente e não escapa a esses finos conhecedores que eram os magos egípcios: tomar o lugar do soberano. É por isso que aconselham executar imediatamente o menino. No entanto, o Faraó, a quem a filha implora, cede a um movimento de piedade. Por que não submeter Moisés a um teste, a um ordálio, que informará sobre a sua inteligência e suas atitudes? Dois pratos são colocados diante dele, um com tâmaras, o outro com brasas. Se ele escolher o primeiro será executado, o segundo será a sua graça. O menino põe a mão nas brasas e, num gesto de dor, em sua boca, que por sua vez será queimada. Ele tem a vida salva, mas guardará para sempre um "peso nos lábios" do qual mais tarde vai se queixar em seu diálogo com a sarça justamente ardente, quando esta ordena: "Vai e fala...".

Encontramos em outro grande profeta, Jeremias, sempre no início de sua mensagem, alusão breve mas precisa a cada um dos temas: o *infans*, a incorporação do significante como virada na aquisição da linguagem, o "peso nos lábios": "'Ah! Senhor Yahvé, vê, não sei falar, sou uma criança...'. Então, o Eterno estendeu a mão e tocou de leve a minha boca e me disse: 'Eis, ponho as minhas falas em sua boca[6]...'".

O livro de Isaías nos permite estabelecer a série completa do jogo de equivalências. Ele contém, não no primeiro capítulo mas no sexto, uma visão, semelhante àquela de Ezequiel – a prece judaica os associa estreitamente –, que termina assim:

> "E eu me digo: 'Infeliz de mim, estou perdido! Pois sou um *homem de lábios impuros*, vivo no meio de um povo de lábios impuros e meus olhos viram o Rei, o Eterno Sebaot'. Então, um dos serafins voou para mim, segurando na mão uma brasa que ele havia pegado com pinças no altar. Ele tocou de leve a minha boca e disse: 'Isto tocou teus lábios e agora teus pecados desapareceram, teus erros estão apagados'. Depois, ouvi a voz do Senhor dizendo: 'Quem vou

[6] Jeremias, I-6, depois I-9.

> enviar e quem irá por nós?'. E respondi: 'Será eu! Envia-me!'. E ele me disse: 'Vai, e dirás a este povo...'".

A marca ardente nos lábios abre, para Isaías também, a via de uma fala nova.

Da expressão *comer o Livro* desdobramos assim sua segunda parte: *Livro* ~ *fogo*. A primeira, *comer*, dá lugar, por sua vez, a um jogo de equivalências fundamentais.

Já o relato de Isaías sugeria não só que a brasa substitui o significante, mas também que a incorporação pode ser substituída pelo contato com os lábios, o beijo – o que nos esclarece quanto ao estranho comportamento dos fiéis em relação a seus livros religiosos: eles os beijam como uma pessoa que encontramos ou que deixamos.

A equivalência *beijar* ~ *comer* permanece, no entanto, oral. Uma outra, mais audaciosa, desenha-se progressivamente: *comer* ~ *ler*, manifestamente presente no costume da primeira aula de leitura, mas também no texto *princeps* de Ezequiel, que menciona em contigüidade *leitura* e *comer*. A própria linguagem corrente não é avara de expressões em que comer e ler são colocadas nessa equivalência. Examinemos, enfim, o argumento que fingimos negligenciar até aqui, o dos sacrifícios, objeto de uma tão abundante literatura analítica e etnológica.

Um rito, várias vezes repetimos após Freud, evolui com o tempo para o desvelamento do desejo que ele mascara. No Templo de Jerusalém, tudo gravitava em torno do sacrifício, cuja estrutura simbólica a análise da *cacheroute* nos permitiu entrever. O ofertante consumia uma parte do bicho sacrificado, o principal cabendo ao sacerdote.

Antes mesmo da destruição do segundo Templo, sob o impulso dos fariseus, a prática sacrificial foi relativizada em proveito precisamente da prece ou, antes, da leitura: em vez de fazer um sacrifício e depois comê-lo, *lia-se* o relato desse sacrifício. Assim se constituiu a prece judaica, ao ritmo dos sacrifícios antigos. Tanto que o *Hourban* não destruiu o judaísmo que já funcionava em outros ritos.

A prece judaica não se assemelha verdadeiramente a uma prece. Só uma pequena parte a ela é dedicada a *pedido*, codificada e coletiva: Deus deve velar pelas necessidades do conjunto do povo. Ela mais visa cimentar o sentimento de grupo que a exalar o sofrimento de cada um. O essencial dessa "prece" consiste em ler uma espécie de antologia de textos fundamentais bíblicos e talmúdicos, reunidos num livro, *sidour*, que faz eco diretamente ao *seder*.

A festa de *Kippur*, tão rica outrora em sacrifícios, torna-se particularmente significativa da substituição *ler* ∼ *comer*. Não só ela é o momento de uma quaresma draconiana, mas a ocasião de uma leitura contínua.

***

Esse conjunto de fatos lança uma luz particular sobre esse fenômeno fundamental da leitura, que nossa civilização parece progressivamente contestar.

De imediato se impõe que nem todas as leituras são equivalentes. Algumas são próprias de um relaxamento, solicitam apenas poucos esforços, outras muito mais. Apesar da grande variedade de leituras possíveis, elas nos parecem repartir-se em duas categorias principais.

A leitura "indiferente", ou, antes, não amorosa. Aqui, o leitor investe um texto de uma curiosidade lábil, prestes a crescer ou a romper, em busca de uma informação, de uma distração. Assim lemos o jornal ou tal livro na moda... antes de jogá-los no lixo.

A esta se opõe totalmente uma segunda leitura, "amorosa" esta – com seu outro lado de ódio –, mas que preferimos chamar *canônica*. Um certo número de livros, entre os quais os livros "sagrados", são objeto de outro tratamento. Eles não pertencem à distração, mas ao estudo, ao esforço em geral penoso. Nunca são abordados sem reticências, até mesmo rituais, numa relação fortemente marcada de angústia. Diante de tantas dificuldades, o comum dos mortais renuncia não a possuí-los, mas a lê-los. Eles formam o *esqueleto* de toda biblioteca digna desse nome. Uma minoria consegue superar essas estranhas inibições, outrora os sacerdotes, hoje seus longínquos descendentes por intermédio dos clérigos, dos intelectuais, organizados numa sutil hierarquia.

Superada a inibição de ler, os efeitos da leitura costumam ser profundos, deixando o sentimento de uma transformação do espírito, às vezes de uma alegria, embora, em geral, a um leitor ideal, a leitura particular que cada um efetua se revele parcial nos dois sentidos, obtusa. Em suma, a leitura canônica pertence às próprias franjas da experiência mística, da comunhão.

Todo grupo humano – todo povo, toda religião, mas também toda profissão, até mesmo toda associação – possui textos desse tipo, ditos precisamente canônicos, em que se encontra consignada a quinta-essência do discurso que suporta esse grupo. Em nenhum outro lugar além do judaísmo esse mecanismo fundador está tão claro.

A grande reforma do judaísmo iniciada por Ezra foi pôr a leitura e o estudo, os dois aqui indissociáveis ou *limoud*, como pedra angular do "templo invisível". *Limoud* de quê? Precisamente de um *cânone* de textos, Bíblia judia e em breve Talmude, cuja convivência assídua, cotidiana, tornou-se o primeiro mandamento do judaísmo novo. Faltar a ele acarreta mais ou menos a exclusão do grupo – daí o paliativo, para o comum dos mortais, da prece já descrita. Esse *limoud* tomou o lugar das comezainas e dos churrascos sacrificiais de antigamente.

Referimos os dois modos de leitura, como sugerem seus nomes, aos dois tipos de identificação descritos por Freud, que Lacan propõe articular através do esquema do toro ou do anel. A leitura "indiferente" (I), numa *demanda* repetitiva, consiste, como uma espiral, em enclausurar o buraco lateral da câmara de ar tórica. A leitura "amorosa" canônica (II) cumpre, esta, o fechamento do buraco central, suportando a função do desejo.

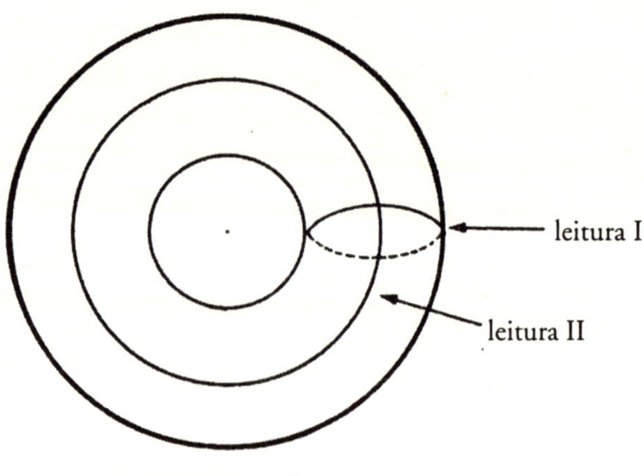

esquema nº 4

as duas identificações e as duas leituras

Daqui por diante, podemos enunciar – contanto que lhe demonstremos ulteriormente a generalidade – nossa concepção definitiva da identificação primária fundadora do grupo.

Cada grupo, dizíamos, apóia-se num texto *princeps* canônico, num estatuto, num *Brith*. A identificação primária consiste em manter com esse texto uma leitura intensiva, às margens da devoração, essa devoração devendo cumprir-se realmente em momentos privilegiados.

Talvez só tenhamos estabelecido esse mecanismo na particularidade do judaísmo, mas já nossos últimos avanços desembocavam em sua universalidade. A existência de textos canônicos que caracterizam *cada* grupo humano não parece seriamente discutível. À Bíblia e ao Talmude dos judeus servem imediatamente de par os Evangelhos cristãos e o Corão islâmico. Nenhuma religião é desprovida de um tal corpo de textos. Quando alguns decidem intervir no campo ideológico num novo grupo, o que fazem? Redigem um *manifesto* cujo latente é a incorporação. Não há, até na mais humilde associação de pescadores com anzol, grupo que não possua seus estatutos.

Resta, no entanto, mostrar essa latência da incorporação real, da devoração.

Mostrar o mecanismo *comer o Livro* no cristianismo não apresenta dificuldade alguma. Alguns poderiam até nos censurar por termos multiplicado os obstáculos para desenvolver nossa construção a partir dos ritos judeus, quando o cristianismo oferece uma via bem mais simples e curta para estabelecer a mesma noção – graças à sua Eucaristia.

Não podemos aqui nos entregar ao estudo aprofundado do rito mais importante do cristianismo. Bastará lembrar seus dados principais, úteis à nossa construção.

O sentimento de pertencer à Igreja provém, sabemos, da comunhão que consiste em engolir um ázimo consagrado, a hóstia. Ora, esta representa o corpo de Cristo, isto é, São João nos ensina, a encarnação do Verbo: "A palavra tornou-se clara e habitou entre nós[7] ". Ora, para nós, o significante

[7] São João, I-14.

materializado constitui precisamente o equivalente de uma escrita, por conseguinte, comida na missa.

O Apocalipse do mesmo João, texto tão importante na história do cristianismo, desenvolve o mesmo princípio ao mesmo tempo que constitui uma duplicata, uma tentativa de reler na concepção cristã o texto judeu fundamental da *maassé mercaba* de Ezequiel. O Apocalipse começa igualmente por uma visão, rica de alegorias, de criaturas com múltiplos rostos. Depois, na abertura do sétimo selo[8], podemos ler:

> "Vi um anjo poderoso... ele segurava na mão um livrinho aberto e a voz que eu ouvira do céu falou-me de novo e disse: 'Vai, pega o livrinho aberto na mão do anjo que está de pé sobre o mar e a terra'. E dirigi-me ao anjo, dizendo-lhe para dar-me o livrinho. E ele me disse: 'Pega-o e engole-o. Ele será amargo para as tuas entranhas, mas na tua boca será doce como mel'. Peguei o livrinho da mão do anjo e o engoli. Ele foi na minha boca doce como mel, mas, quando o engoli, minhas entranhas ficaram cheias de amargura. Depois, disseram-me: 'Tens de profetizar de novo sobre muitos povos, nações, línguas e reis'".

Um estudo comparativo desse texto, *quase* idêntico ao de Ezequiel incorporando o livro, mostraria melhor que amplos discursos a fratura que separou a Igreja do judaísmo? Bastará ressaltar a variante maior. Ela se refere ao gosto do livro: exclusivamente "*doce* como mel" para Ezequiel, "*amargo* em tuas entranhas, mas em tua boca *doce* como mel" para João. Essa ausência de amargura reflete a posição diferente do judaísmo em relação ao Livro?

Resta, sobretudo, que a operação de comer escrita é encontrada no cristianismo com uma limpidez e uma transparência incomparáveis, talvez tão grandes que costuma passar despercebida.

---

[8] São João, Apocalipse, X.

Não lamentamos os esforços impostos pela escolha do judaísmo como campo de estudo de um fenômeno que nele apresenta, na falta da mesma clareza, uma grande riqueza de ramificações, de deslocamentos e de equivalências que nos permite, paradoxalmente, ver mais de perto sua universalidade.

A ambição confessada do cristianismo de sempre – realizar até no mínimo detalhe a letra da fala dos profetas, por aí mesmo superar e abrir uma saída para a dolorosa problemática paterna – encontra-se na comunhão. De que adiantam, daqui por diante, esses ritos alimentares complicados, essa leitura assídua do Livro? A Eucaristia teve por resultado um certo recalque secular do Livro, uma prática do Índex, cuja conseqüência foi formar sintoma em que se ligam estes dois termos: Livro e Eucaristia. Toda modificação de um perturba profundamente a outra, em abalos que constituem a trama dos cismas e das heresias cristãs. Assim, para só guardar dois episódios, a Reforma luterana, ao reintroduzir o Livro, transformou a comunhão e, mais perto de nós, o concílio Vaticano II, agindo numa direção análoga, causou modificação da Eucaristia e turbulências integristas.

O cisma do cristianismo com o judaísmo tomou por palavra de ordem a "circuncisão dos corações". É o que encontramos a propósito dos ritos alimentares. Ele incontestavelmente produz uma simplificação, um efeito de esmagamento da estrutura, reduzida doravante a esse imaginário do coração. Por uma irônica inversão de papéis, o judaísmo revela-se, a respeito do rito, mais trinitário que a religião filha, já que mantém sua tripla dimensão: imaginária decerto, simbólica ó quanto!, mas ambos ligados pelo real do ato, amputação do fragmento de carne prepucial ou manutenção do Livro real e não fragmento de ázimo que se deve comer.

Estamos convencidos, sem poder mostrá-lo precisamente, que o Islã igualmente guarda a mesma referência fundamental à devoração do Livro. Devemos a centelha primeira de onde partiu nossa construção ao encontro fortuito com a psiquiatria tradicional islâmica.

Das profundezas do Sahel africano até as comunidades muçulmanas implantadas na Europa, religiosos ou *marabouts* tratam as doenças mentais de seus correligionários. Uma prática difundida consiste, para o terapeuta, em escrever numa folha de papel uma série de fórmulas que comportam no centro o Nome divino. Depois, como na *sota* judia, essa escrita é colocada num recipiente cheio d'água que o paciente vai beber.

Uma pesquisa feita nos hospitais parisienses com doentes originários da África do Norte nos mostrou que todos eles conheciam essa prática. Não podemos imaginar que ela não tenha referências nos textos canônicos islâmicos – que ainda devem ser encontradas.

Assim, passo a passo, verificamos que *comer o Livro* constitui uma operação universal, pelo menos no mundo monoteísta que deriva do judaísmo. Com certeza negligenciamos o mundo do Oriente, o da China particularmente, conhecendo mal essas culturas. Porém uma rápida incursão mostrou a riqueza deles em ritos alimentares, comportando várias similitudes com a *cacheroute*; a necessidade, por exemplo, de sempre subtrair um pedaço de um alimento dado[9]. Ficamos também perturbados pelo ideograma *shù* que designa o livro: uma mão portando um estilete acima... de uma boca.

O vínculo do Livro com o objeto oral apresenta outra manifestação que mereceria outros desenvolvimentos além desta breve observação.

Até aqui, a incorporação de um mesmo livro parecia criar o sentimento unificador de grupo. Porém esse objeto costuma dividir, e radicalmente. Cismas e heresias, conflitos não nascem de uma releitura diferente do mesmo texto canônico em que cada um crê operar a boa incorporação? Todos sabem como podem se tornar violentas as lutas de tendências num mesmo grupo, referindo-se ao mesmo texto, lutas que são apenas a ampliação da rivalidade fraterna. Esta – Santo Agostinho a demonstra nas primeiras páginas célebres de suas *Confissões*, em que a visão do irmão no seio materno provoca em seu rosto uma palidez mortal de ciúme – deriva principalmente do objeto oral.

---

9 *Li-Ji ou Mémoires sur les bienséances et les cérémonies*, sociedade de edições Les Belles Lettres, Cathasia Sulliver, Paris, 1950. "Não se comia a tartaruga que alimentava filhotes, nem os intestinos do lobo, nem os rins do cão, nem o filé do gato selvagem, nem a extremidade do dorso da lebre, nem a cabeça da raposa, nem o cérebro do leitão, nem os intestinos do peixe, nem a extremidade posterior da tartaruga".

O judaísmo mostra-se novamente exemplar, já que não se contenta em convidar a comer o Livro, ele o cerca de comentários, indicando em que vias a leitura deve se fazer, conjugando a Lei escrita com a Lei oral e a tradição.

Após o esforço de mostrar diretamente, por múltiplos exemplos concretos, a existência dessa atividade subjetiva primordial, a devoração da escrita, não é permitido, enfim, lembrar que a linguagem corrente traz seu rastro patente? Não sabemos que os livros apaixonantes "são devorados" quando outros são "indigestos"? Os exemplos de metáforas alimentares relativas aos livros são legião na literatura[10]. Vamos nos contentar em ressaltar, pois de caráter diferente, o texto de Selma Lagerlöf em *A saga de Gosta Berling*, em que o herói se vê perseguido por uma malta de lobos.

> "Os lobos, por um momento assustados, ficaram à distância. Mas logo, passado o primeiro estupor, um deles lançou-se, de goela aberta, língua caída. Gosta pegou rápido a *Corinne* de Mme de Staël e lhe jogou na cara. Houve um momento de trégua, enquanto os bichos disputavam entre si a presa e a despedaçavam[11]".

O lobo sem dúvida é o símbolo mais eloqüente para designar a fome, uma fome sem limites. O poeta, como sempre tão clarividente no campo do inconsciente, entrevê que o único objeto que pode limitar essa fome é o livro. O que ele diz em algumas linhas simples nos pediu tantas páginas laboriosas!

---

[10] O dicionário *Robert* não deixa de dar uma abundante coleção. As metáforas a respeito de Rabelais nos parecem particularmente preciosas.

[11] S. Lagerlöf, in *Œuvres I*, trad. francesa, Paris, Stock, 1976, p. 79.

5

O cru, o cozido... e o simbólico

A generalidade da devoração do Livro encontra uma objeção de porte: a necessidade do Livro, logo, da escrita, cuja difusão, muito grande, não é mesmo assim universal.

É costume situar a origem da História precisamente no aparecimento da escrita. Esse critério empírico parece às vezes atender a razões de estrutura: se comer o Livro corresponde, para um sujeito, a assumir a história de seu grupo de nascimento, então escrita e História aparecem como necessariamente ligadas. Mas qual era o estatuto desse ato antes da escrita, como sustentar que o homem torna-se homem comendo o Livro, ao passo que os povos primitivos se caracterizam por sua ignorância? No espaço como no tempo, dois obstáculos parecem fazer fracassar nossa tese.

A etnologia, tratada no início com ironia, parece tirar uma forra desse impasse. No entanto, ela em breve vai permitir transpor o obstáculo com o benefício de precisar e de desenvolver o que afirmamos.

Uma observação preliminar sobre a relação enigmática, notada por muitos autores, entre o significante, os sons articulados trazidos por uma voz, e a escrita permite atenuar o fosso entre os povos que possuem a escrita e aqueles que não a possuem. Eis dois fenômenos – fala e escrita – de natureza totalmente heterogênea, um precedendo o outro de alguns milênios. Entretanto, quando a escrita emergiu, o significante encontrou um molde como que sob medida, que lhe permitia transcrever-se perfeitamente, para assim dizer, sem perda. A escrita da fala não é uma tradução, da qual se conhece a parte de impossibilidade e de distorção, mas parece antes concebida para receber em si o Verbo. O que conduz a supor que *a escrita sempre foi latente à linguagem* e seu aparecimento, explicitação de relações existentes mais que emergência *ex nihilo*. Nenhum povo, aliás, por mais primitivo e pré-histórico que seja, ignora totalmente a inscrição[1].

Entretanto, essa observação não pode apagar o fenômeno considerável que foi a descoberta da escrita, nem dispensar do exame específico da identificação primária entre os povos que a ignoram, exame que seria impossibilitado se não dispuséssemos, hoje, da abundância constituída pela obra de C. Lévi-Strauss, *Mitologias*, em que, precisamente, o autor penetra no edifício dos mitos pela *Origem das maneiras de mesa*, título do terceiro tratado. Vamos nos contentar, para esse primeiro passo, em examinar o primeiro dos quatro, *O cru e o cozido*. A escolha obrigatória na abordagem dos mitos das culturas primitivas é a da oralidade, Lévi-Strauss explicará várias vezes sua necessidade.

Mas, antes de seguir o autor em sua vertiginosa exploração, permitimo-nos o seguinte pequeno comentário a respeito de seu estilo e de seu método – tão elegantes! *O cru e o cozido* é aberto com uma longa reflexão sobre a música, devendo esta fornecer o fio de Ariadne do labirinto mitológico. As estruturas da música moderna, tais como Bach as fundou no contraponto e na fuga, lhe parecem isomorfas daquelas, "folheadas", do mito. Para além da analogia, Lévi-Strauss supõe que uma filiação liga a música segundo Bach e o saber mítico. Por seu desaparecimento no Ocidente, efeito da emergência da ciência, o pensamento mítico teria engendrado, por uma misteriosa transmutação, a arte do contraponto. A música seria, por conseguinte, o caminho mágico de acesso ao mundo perdido do mito.

Parece-nos, no entanto, sem subestimar a estranha verdade dessa iniciativa, que Lévi-Strauss encontrou seus apoios mais seguros em outra parte. Primeiro, ninguém ficará surpreso com isso, na psicanálise. A antropologia estrutural, provavelmente mais que na lingüística saussureana, for-

---

[1] Lacan elaborou uma parte importante de seu seminário *A identificação* a partir desse fato de que os caçadores pré-históricos marcavam com um traço numa costela de antílope cada nova presa abatida. Notemos, igualmente, o enigmático jogo de inscrições encontrado na grota de Lascaux.

mou-se na escola da *Traumdeutung* de Freud: saber negligenciar no relato de um sonho sua significação aparente e quase sempre absurda para dali extrair os elementos significantes, submetê-los a certas funções de transformação para dali retirar as significações latentes. Por isso, o psicanalista que se interessa por trabalhos desse gênero só faz recuperar seu bem.

Mais contestável aparecerá, talvez, uma segunda afirmação, dedutível no entanto da precedente: *a análise lévi-straussiana dos mitos é filha do Midrach*, não só porque a filiação da psicanálise a este parece assegurada a toda pessoa a par dessas questões, mas também porque ela pode ser verificada diretamente no texto de Lévi-Strauss. Mostraremos, em particular, a importância que nele tem a *gezera chava*, ou transferência significante.

A experiência indica que, ao se desprender de sua cultura de nascimento, um sujeito guarda como últimas ancoragens dois traços culturais por onde, se for o caso, a nostalgia vem se engolfar: a arte culinária e a música desse grupo. Lévi-Strauss associa aqui as duas, profundamente. O povo judeu sempre foi acalentado por uma música e nutrido por uma única literatura: o Midrach. Se a metáfora etnológica em Freud recobria seu judaísmo, a metáfora musical teria o mesmo papel em Lévi-Strauss?

Resta que por ele uma reflexão nova sobre a questão do rito, tão essencial no judaísmo, introduz-se no pensamento ocidental e subverte seus preconceitos.

> "Os ritos aparecem", escreve ele, "como uma 'para-linguagem' que pode ser empregada de *duas* maneiras. Simultânea ou alternativamente, os ritos oferecem ao homem o meio ou de modificar uma situação prática, ou de designá-la e de descrevê-la. Quase sempre as duas funções se recobrem ou traduzem dois aspectos complementares de um mesmo processo. Mas ali onde o império do pensamento mágico tende a se enfraquecer e quando os ritos assumem o caráter de vestígio, só a segunda sobrevive à primeira[2]".

[2] C. Lévi-Strauss, *op. cit.*, p. 343.

Uma análise como esta pode diretamente se aplicar às nossas próprias religiões, tão ricas em alternâncias de fases místicas – em que o pensamento mágico se exalta – e ritualistas – em que o aspecto "descritivo" predomina. Mas o que descreve então o rito? Tentamos anteriormente desenvolver isto: o conjunto dos ritos de um grupo resume, numa "para-linguagem" feita de linguagem, a história desse grupo, seu corpo de mitos. O rito torna-se o lembrete e o avesso do mito, o que o próprio Lévi-Strauss sublinha, mas sem precisar. "Esse grupo [...] confirma, caso fosse necessário, que rito e mito estão em íntima conexão[3]".

Assim, a antropologia teria de tratar de um vasto e único campo de estudo, a "ritomitologia", do qual a mitologia permaneceria o lugar do código.

Mas que temos que fazer com os mitos? Que podem eles nos ensinar, a nós, sujeitos da ciência? A "filosofia indígena", repete em várias oportunidades Lévi-Strauss, nos apresenta uma visão do mundo muito mais próxima das nossas do que teríamos imaginado.

Como toda filosofia, ela traz em si uma *psicologia*. Para nossa surpresa, esta se revela em vários pontos próxima... do judaísmo, de certas concepções que a *cacheroute* havia ensinado. Assim, Lévi-Strauss relata que os indígenas classificam os seres segundo o modo de nutrição e distinguem os *civilizados* comedores de carne cozida, os carnívoros comedores de carne crua, os carniceiros de carne corrompida, os canibais[4].

O homem pode até se identificar com o animal ao adotar o mesmo comportamento alimentar que ele. Um mito conta que um caçador perdido refugiou-se na casa do jaguar e foi obrigado a comer como ele. Ele vai progressivamente assumir o caráter selvagem do jaguar, depois seu aspecto físico: "Por ter comido a comida do jaguar, embora ela lhe seja heteróloga, o homem se identifica definitivamente com o jaguar[5]".

O mesmo tema é encontrado nesta outra passagem: "O Tarahumara tampouco é como o coiote, que se contenta em arrancar um pedaço de carne de um bicho ainda palpitante e que ele come cru".

---

[3] *Ibid.*, p. 296.
[4] *Ibid.*, p. 292.
[5] *Ibid.*, pp. 133-134.

Se o grande cabalista Benamozegh tivesse podido ler essas linhas, sua alegria teria sido grande: esses Tarahumara primitivos respeitam o grande princípio noachida *Evar min hahaï*, nenhum homem digno desse nome deve comer uma parte arrancada de um animal vivo. Lévi-Strauss permite entender o alcance desse universal alimentar – a isso voltaremos.

O grande assunto, no entanto, não é a psicologia que se exprimiria nos mitos, mas uma *filosofia*, inseparável de uma ética, isto é, de uma economia particular do gozo.

Esta encontra seu quadro ideal na *cozinha*.

> "De todos os códigos que o homem pode empregar para enunciar essas mensagens" – escreve Lévi-Strauss –, "o código alimentar é certamente o mais fundamental... Já que o homem possui cinco sentidos, os códigos fundamentais são em número de cinco, mostrando assim que todas as possibilidades empíricas são sistematicamente inventariadas e utilizadas... [Mas] um dos códigos ocupa uma posição privilegiada: aquele que se refere aos regimes alimentares, cuja mensagem os outros traduzem, bem mais do que serve ele próprio para traduzir a deles... Começamos a entender o lugar realmente essencial que cabe à cozinha na filosofia indígena: ela não marca apenas a passagem da natureza à cultura; por ela e através dela, a condição humana se define com todos os seus atributos, até aqueles que – como a mortalidade – poderiam parecer mais indiscutivelmente naturais[6] ".

> "Huxley sugeriu que o processo digestivo é assimilável, no plano do mito, a uma obra de cultura... Certamente há verdade nessa interpretação[7] ...".

---

6 *Ibid.*, p. 172.

7 *Ibid.*, p. 144.

Essas concepções, que se ligam a outras preocupações, revelam-se próximas das nossas e podemos imaginar nosso reconforto em encontrá-las num momento de nossa reflexão que parecia tão incerto.

Estudemos ainda mais de perto essa convergência. O objeto da antropologia é o estudo desse hiato, ao mesmo tempo articulação, que separa natureza e cultura, descontinuidade recoberta pelo fato religioso – daí essa outra definição lévi-straussiana da antropologia como ciência do religioso. Desde as *Estruturas elementares do parentesco*, Lévi-Strauss havia ensinado que a oposição natureza/cultura repousa universalmente sobre a Lei, aquela que proíbe o incesto. Essa mesma noção é designada na psicanálise como *função paterna*, precisando doravante que ela agarra o pequeno humano de imediato, na boca, clivando o mundo num interior cultural, humanizado, e um exterior natural.

Nesse rastro amplamente trilhado, queremos estabelecer uma equivalência nova à devoração do livro – "comer, incorporar o mito" – e encerrar assim a nossa construção.

O assunto não é tão paradoxal quanto parece, livro e mito tendo mais de uma semelhança. O mito, como a fala no escrito, pede apenas para escorrer no livro – como mostram as *Mitologias* –, o mito se *lê*, ele possui uma estrutura "folheada", como repete freqüente e sintomaticamente Lévi-Strauss, designando uma realidade consistente para além desse jogo de palavras.

> "A estrutura *folheada* do mito" – escreve ele –, "sobre a qual chamávamos há pouco atenção, permite ver nele uma matriz de significações alinhadas e em colunas, mas em que, pouco importa como a *lemos*, cada plano sempre remete a outro plano[8]".

Esses primeiros argumentos evidentemente não têm alcance demonstrativo e querem apenas despertar interesse. A convicção, pelo menos a

[8] *Ibid.*, p. 346. Grifo nosso.

presunção, vai se construir num encaminhamento prolongado em companhia dessa obra-mestra, *O cru e o cozido*, sabendo que uma divergência virá se inscrever num ponto avançado.

Ela abre, fiel à metáfora musical, com a exposição de um tema, de um mito *princeps* (M1), que reaparece ao longo do livro: *o descobridor de pássaros.*

Esse mito bororó, que conta a epopéia de um herói fundador de clã, começa com o estupro incestuoso cometido sobre a mãe. O pai, tendo descoberto o ato, tenta por uma série de provas provocar a morte do filho, o qual, graças à cumplicidade da avó, desfaz todas as armadilhas, até o episódio crucial do *descobrimento de pássaros* encarapitados nas rochas. Uma vez o filho entre céu e terra, o pai retira o poleiro que permitira ao herói içar-se até o ninho e o abandona nessa difícil postura. Após múltiplas peripécias, o jovem supera essa última prova, reencontra o caminho da aldeia e vinga-se de seus habitantes apagando num dilúvio todos os fogos, exceto o da avó benevolente.

É esse o ponto de partida escolhido por Lévi-Strauss, ponto de onde, por extensões sucessivas, ele vai envolver, num desenvolvimento propriamente grandioso, o essencial da mitologia indígena do continente sul-americano, com amplas incursões na América do Norte, depois no resto do mundo, para enfim se tornar verdadeiramente cósmico.

Por que a humilde historieta bororó merece tantas honras?

Se a visada da antropologia consiste em interrogar a relação da cultura e da natureza, em tentar dar conta da maneira como uma emergiu, desprendeu-se da outra, esse mito bororó, segundo Lévi-Strauss, guardaria em sua aparente fluidez uma resposta mítica a essa questão, a saber, que *a cultura emerge com a descoberta do fogo*. A obra apresentará muitos outros exemplos de mitos dessa origem; o do *descobridor de pássaros* tem essa vantagem de oferecer a cadeia significante mais completa possível. Essa tese será argumentada, desenvolvida no conjunto da obra... e nas que seguirão.

Mito da origem, portanto. Todo mito ou lenda, até mesmo todo fato histórico situado como tal sempre se refere a um ponto de origem, de virada marcada, porque toda "origem", mesmo parcial, de um fenômeno traz em si uma face de enigma, um buraco no encadeamento das causalidades e das significações que o mito obtura. O hiato preenchido pelo mito M1 é de porte, ele diz respeito à origem das origens, esse recalque primário que recobre a emergência do homem e que Lévi-Strauss nos propõe situar na descoberta do fogo.

Deixemo-nos conduzir um momento por essa tese. Para de imediato nos espantar com essa interpretação de M1 como mito de origem do fogo, quando o texto do mito não faz nenhuma menção a isso, senão, furtivamente, a respeito da extinção final do fogo dos aldeães pelo dilúvio.

O caminho pelo qual Lévi-Strauss produz sua demonstração nos importa muito. Ele consiste em pôr em paralelo ao mito bororó uma série de "variações" de mitos jês (M7 a M12) em que se encontra de novo um *descobridor de pássaros* em difícil postura, salvo pelo jaguar que lhe ensina *o uso do fogo* desconhecido até então dos homens. A conexão explícita aqui, *descoberta do fogo* ~ *descobridor de pássaros*, permite sozinha, para além das complexas transformações propostas por Lévi-Strauss, supor a mesma significação latente ao mito bororó M1.

Conhecemos bem essa operação interpretativa, nossa *gezera chava* midráchica ou transferência significante. Situada uma primeira vez na abertura da obra e num momento decisivo, não é difícil encontrar seu rastro em múltiplas outras passagens, revelando a dívida despercebida de todo pensamento estrutural ao Midrach.

Assim, o encontro do fogo assinalaria o aparecimento da cultura, do homem. Não o fogo enquanto elemento abstrato, arquétipo à moda Jung-Bachelard, mas, concretamente, o *fogo de cozinha*. Se a cozinha guarda o código de uma filosofia em que "a condição humana se define com todos os seus atributos[9] ", o fogo é dela o significante maior, o referente, o mediador cultural privilegiado.

Essa tese – nos mitos, o lugar primordial cabe à cozinha e nesta ao fogo e ao cozimento – é lembrada do início ao fim da obra:

> "Propomos demonstrar [anunciam as primeiras páginas] que M1 (mito de referência) faz parte de um grupo de mitos

[9] C. Lévi-Strauss, *op. cit.*, p. 172. Cf. *supra*, pp. 102-103.

que explicam a origem do *cozimento dos alimentos*; que a cozinha é concebida pelo pensamento indígena como uma mediação, [...] que esses mitos vêem nas operações culinárias atividades mediadoras entre o céu e a terra, a vida e a morte, a natureza e a sociedade[10]".

A esse projeto fazem eco estas citações tomadas no fim da obra:

> "Em que ponto estamos? [...] Negativa e positivamente, todos os mitos se referem à origem do cozimento dos alimentos. Eles opõem essa maneira de se nutrir a outras, a dos carnívoros, dos carniceiros, etc[11]".

> "O cozido está para o cru como a cultura está para a natureza[12]".

O "cozimento" representa a tal ponto a cultura que certos povos "cozinham" a totalidade do recém-nascido para marcar sua hominização:

> "No Camboja (assim como, aliás, na Malásia, no Sião e em diversas regiões da Indonésia), a mãe se estendia após o parto sobre uma cama ou grade levantada debaixo da qual ardia suavemente um fogo. Na América, as mães *pueblo* davam à luz em cima de um monte de areia quente cuja função talvez fosse transformar a criança em 'pessoa cozida' (em oposição aos seres naturais... que são 'pessoas cruas')...".
> "São 'cozinhados' indivíduos intensamente engajados num processo fisiológico: recém-nascido, parturiente, filha púbere. A conjunção de um membro do grupo social com a natureza deve ser intermediada pela intervenção do fogo de

[10] *Ibid.*, pp. 72-73.
[11] *Ibid.*, p. 291.
[12] *Ibid.*, pp. 342-343.

> cozinha, ao qual cabe normalmente o encargo de intermediar a conjunção do produto cru e do consumidor humano e, portanto, pela operação do qual um ser natural é, ao mesmo tempo, cozido e socializado: 'Diferentemente do veado, o Tarahumara não come grama, mas interpõe entre a grama e seu apetite animal um ciclo cultural complicado... e o Tarahumara tampouco é como o coiote, que se contenta em arrancar um pedaço de carne de um bicho ainda palpitante e que ele come cru. Entre a carne e a fome que ele sente, o Tarahumara insere todo o sistema cultural da cozinha' (Zing M)[13]".

Essa longa citação sugere as observações que se seguem. A importância, primeiramente, nessas questões de cultura/natureza, de fenômenos que o autor designa com o termo vago de "processos fisiológicos" e que dizem respeito aos momentos principais do *campo da procriação*: regras, nascimento – com o vínculo íntimo que esse campo sexuado mantém com o da morte.

Esses momentos, nossa leitura de *Totem e tabu* sublinhou, servem de suportes privilegiados aos *ritos*, tanto entre os primitivos como em nossas culturas. A operação – metafórica – de "cozimento" não passa, em conseqüência, de um rito particular num conjunto mais vasto, a significação desses ritos estando, na passagem, esclarecida: parecendo a natureza dominar a cultura, o rito restabelece o equilíbrio ameaçado.

Conforme o pensamento mágico, o fogo de cozinha não é somente mediador cultural da cidade, o mito lhe atribui uma função cósmica.

> "Entre o sol e a humanidade, a mediação do fogo de cozinha se exerce, portanto, de duas maneiras. Por sua presença, o fogo de cozinha evita uma disjunção total, ele une o sol e a terra e preserva o homem do *mundo podre* que seria

[13] *Ibid.*, p. 342.

sua parte se o sol desaparecesse de fato, mas essa presença também é interposta, o que corresponde a dizer que ela afasta o risco de uma conjunção total, daí resultaria um mundo queimado[14] ".

Daí o esquema da mediação:

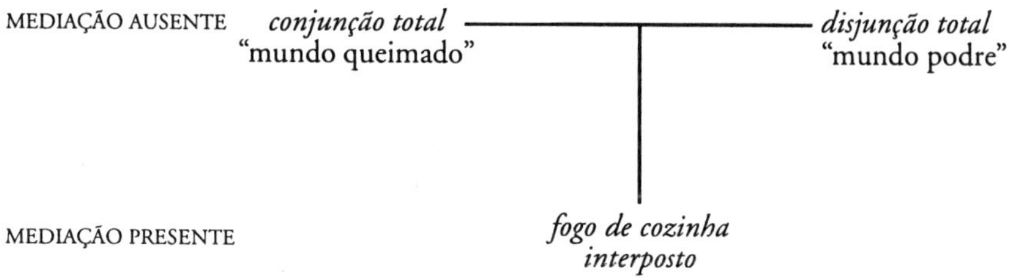

esquema nº 5

A mediação não é a própria cultura? O esquema parece portador de uma generalidade para além do particular – nem único nem talvez o mais importante – do fogo. Ele se aplica perfeitamente, por exemplo, a outro operador de cultura, o sacrifício – e permite compreender o alcance universal que a Bíblia, tanto quanto os Tarahumara, atribui ao interdito noachida *Evar min hahaï*.

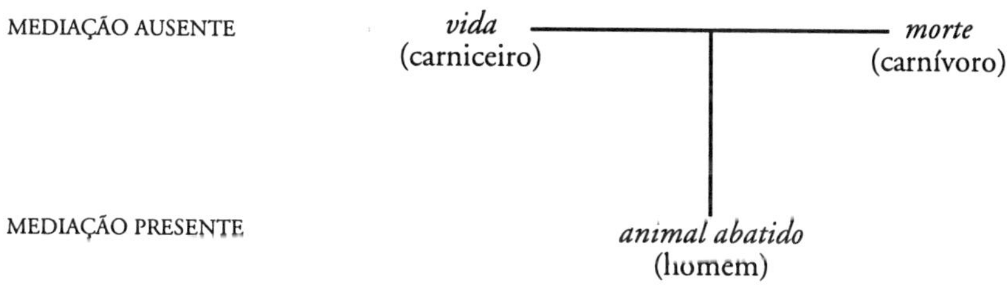

esquema nº 6

[14] *Ibid.*, pp. 299-300.

Lévi-Strauss não deixa de juntar sua decifração dos mitos às suas construções precedentes, aquelas das *Estruturas elementares do parentesco*, em que a oposição cultura/natureza gira em torno do interdito do incesto. O mito, por exemplo, apresenta a conjunção excessiva do sol e da lua, ou seja, o eclipse, como um equivalente de incesto. O fogo de cozinha concretiza essa mediação disjuntiva contra o "mundo queimado" do incesto[15].

Apresenta-se, assim, a oportunidade de interrogar uma certa ambigüidade lévi-straussiana em relação ao freudismo. Com efeito, de toda parte em sua análise dos mitos surdem até diluir-se essas noções que a psicanálise introduziu na troca cultural: temática edipiana, devoração do pai, etc. Lévi-Strauss as atravessa como se fossem evidentes, sem nunca parar a fluidez de seus desenvolvimentos, para sublinhar apenas este fenômeno que lhe parece derradeiro, a *descoberta do fogo*.

Essa função, conjunção-disjunção, mediadora do fogo traz um nome na teoria analítica: a *função fálica*. O que conduz a objetar ao pirocentrismo lévi-straussiano: a descoberta do fogo pode ser admitida como referente derradeiro da passagem de natureza a cultura? *Uma tal concepção não seria a imaginarização, de ecos junguianos, de uma questão mais fundamental?* A saber: *a emergência enigmática do homem, da cultura, assinala-se pelo aparecimento de um operador primeiro, o símbolo, a linguagem, o significante.* O fogo torna-se apenas um modo privilegiado de imaginar esse impensável: o papel do significante para o homem.

Aliás, fogo e escrita parecem, em geral, dois termos equivalentes. Os capítulos precedentes haviam permitido extrair explicitamente essa equivalência dos textos proféticos e do Midrach:

comer escrita = comer fogo

A escrita chinesa, em suas origens divinatórias, oferece outro exemplo eloqüente da articulação *fogo-escrita*, já que os primeiros ideogramas nascem da ação do fogo sobre ossos ou escamas de tartaruga.

---

[15] C. Lévi-Strauss, *op. cit.*, p. 302.

O que é cozinhar, definitivamente? Injetar fogo num alimento, transformar esse alimento pelo fogo. Toda cultura, seja ela grega ou bororó, ao caracterizar o homem como comedor de alimentos cozidos, no-lo apresenta como comedor de fogo, ou seja, se nossa equivalência *fogo = escrita* agüentar, comedor de escrita. Comer fogo vai ao encontro de todas as operações de "cozimento" anteriormente evocadas – recém-nascidos, puberdade... –, a da boca, no caso, "cozimento" de significação doravante familiar: imprimir a marca cultural sobre uma atividade fisiológica, amarrando uma à outra.

A força de um grande livro, e *O cru e o cozido* é um, deve-se ao fato de que ele oferece ao leitor materiais que permitem uma interpretação diferente daquela proposta explicitamente no texto.

Essa outra leitura consideraria, portanto, a descoberta do fogo como tempo *segundo*, repetindo e permitindo pensar um momento *primeiro*, mais fundamental, recalcado: *a emergência da linguagem.* O mito M10 enuncia claramente:

> "Antigamente, os *homens* ignoravam o fogo e aqueciam a carne expondo-a ao sol sobre uma pedra chata a fim de que não ficasse completamente crua[16]".

Já se trata de uma sociedade humana que descobre o fogo.

Lévi-Strauss parece tomado de uma estranha inibição para abordar o tema da origem da linguagem no saber mítico. Ele cita um mito (M45) sobre essa origem, em que precisamente o aparecimento dos homens e o da linguagem se dão como que quase simultâneos, mas nenhum comentário, nenhuma transformação – tão abundantes em outros momentos menos importantes – o acompanha[17], silêncio sem dúvida correlativo de certos *a priori* teóricos e ideológicos do autor.

[16] *Ibid.*, p. 79.

[17] *Ibid.*, p. 131.

Mas, definitivamente, as conseqüências desse silêncio parecem menores. O que é calado nesse ponto preciso é proclamado, repetido ao longo da obra. *O cru e o cozido* revela, definitivamente, uma clivagem entre um proscênio ocupado pela temática do fogo e uma outra cena, pelo menos tão importante, em que Lévi-Strauss apresenta sua reflexão sob outra luz: aquela precisamente da linguagem. Por mais precocemente que ele enuncie sua tese do fogo-origem, ele nos dá uma segunda chave:

> "No curso deste livro estabeleceremos que existe um isomorfismo entre a oposição da natureza e da cultura e a da quantidade contínua e da quantidade discreta[18]".

Essa dimensão do descontínuo, se não funda a ordem da linguagem, é dela a imperativa condição necessária, estando, aliás, a segunda condição, a articulação, amplamente preenchida. Subjacente ao folheado do mito, ela forma sua rocha-mãe, verdadeiro desenvolvimento contrapontístico – música *oblige* – ao conjunto das significações exumadas ao longo do livro. Assim, os mitos M2 e M3, ao contarem como a humanidade primitiva foi dizimada ao atravessar um rio, provocam o seguinte comentário:

> "Parece, portanto, que os dois mitos, tomados em conjunto, referem-se a três âmbitos, cada um por sua conta originalmente contínuo, mas nos quais é indispensável introduzir a descontinuidade para poder conceituá-los. Em cada caso, essa descontinuidade é obtida pela eliminação radical de certas frações do contínuo. Este é empobrecido e elementos menos numerosos estão doravante à vontade para se desdobrar no mesmo espaço, ao passo que a distância que daqui por diante os separa basta para evitar que pisem uns nos outros ou que se confundam entre si... Ora, seja qual for o domínio, é só a partir da quantidade discreta que se pode construir um sistema de significações[19]".

[18] *Ibid.*, p. 36.
[19] *Ibid.*, p. 60.

Um esquema resume essa análise:

esquema nº 7

Análise notável, de que gostaríamos de ter sublinhado cada palavra. Talvez porque faça eco a tudo o que laboriosamente havíamos extraído na análise da *cacheroute* judaica e sua redundância em fabricar, a partir de um *continuum*, descontínuo, sinônimo de cultura.

"A passagem da natureza à cultura corresponde, no pensamento indígena, à do contínuo ao descontínuo", repetirá mais adiante Lévi-Strauss. No pensamento indígena? E no nosso, portanto! A própria largura dos intervalos que criva o descontínuo tem sua função, situável justamente nos conceitos musicais de "diatonismo" para os grandes intervalos e "cromatismo" para os pequenos.

> "Tudo se passa como se o pensamento sul-americano, resolutamente pessimista por sua inspiração, diatônico por sua orientação, *emprestasse ao cromatismo uma espécie de maleficência original* e tal que os grandes intervalos indispensáveis na cultura para que ela exista, e na natureza para que seja pensável pelo homem, só possam resultar da autodestruição de um contínuo primitivo[20]...".

O critério diatonismo/cromatismo talvez traga luz nova a questões repisadas e no entanto delicadas. A antipatia pelo cromatismo não é assim própria dos índios sul-americanos. O judaísmo, por exemplo, o vomita e professa por cada um de seus ritos um gosto pelo diatonismo maior.

[20] *Ibid.*, p. 286. Grifo nosso.

A função cultural do fogo parece cada vez menos se opor a essa segunda análise, linguageira, do fenômeno cultural; muito pelo contrário, nela se inscreve e a conforta segundo a equação:

contínuo —› descontínuo + resto

já que o cozimento tem por efeito físico imediato *diminuir*, retirar, queimando-a, uma fração do alimento, transformando-a em "perfume agradável a Deus".

Assim, *O cru e o cozido* vai se concluir muito logicamente por considerações não sobre o fogo, mas sobre a linguagem.

> "Ao retirar sua matéria da natureza [lê-se na última página], o pensamento mítico procede como a linguagem, que escolhe os fonemas entre os sons naturais de que o murmúrio lhe fornece uma gama praticamente ilimitada... Para que ela [a natureza] se preste a esse papel, primeiro é preciso empobrecê-la: só dela retendo um pequeno número de elementos próprios a exprimir contrastes e a formar pares de oposições.
> Mas, como na linguagem, os elementos rejeitados nem por isso se abolem. Eles vêm se abrigar atrás daqueles promovidos ao grau de chefes de fila... Em outras palavras, a totalidade virtualmente ilimitada dos elementos permanece sempre disponível... A pluralidade dos níveis aparece, portanto, como o preço pago pelo pensamento mítico para passar do contínuo ao discreto[21] ".

Assim, de pedaço em pedaço, este operador simples, descontínuo/contínuo, desdobra-se e manifesta uma prodigiosa potencialidade explicativa.

---

[21] *Ibid.*, pp. 346-347.

Paralelamente aos mitos de origem do fogo, Lévi-Strauss aborda, no início da obra, uma outra origem: *a das doenças*. O mito bororó M5[22] conta que, durante uma pesca, uma mulher, em vez de transportar os peixes para a aldeia, come-os gulosamente até que seu ventre inche, que ela vomite e exale assim as primeiras doenças.

A origem da patologia e da morte encontra-se, portanto, referida a *uma mulher* que não sabe se abster de comer e cuja gulodice sem limites provoca a ruína do mundo. Sob uma roupagem diferente, encontramos o tema do pecado original, da falta de Eva que come o que não deveria. A morbidez e, portanto, a clínica enraízam-se no "pecado de boca", falta contra a cultura, pondo em perigo a humanização por uma volta ao estado de natureza, ao estado do contínuo ou inorganizado, fazendo eco ao que Freud chamou *pulsão de morte*. Cava-se o túmulo com os dentes, diz um provérbio.

Outros mitos confirmam a etiologia oral das doenças, a patogenia da "fome de lobo" que a função moderadora do pai não vem temperar:

> "O papagaio que faz 'cra, cra, cra' seria uma criança humana transformada por ter engolido sem mastigar frutas assadas na cinza e ainda quentes. Aí também o mutismo é um resultado da incontinência[23]".

Essas observações, preciosas para uma melhor compreensão de fatos clínicos, conduzem aparentemente a uma concepção negativa da doença, mal absoluto. No entanto, numa dessas inversões dialéticas que o autor maneja com arte, o doente se revela como uma das figuras da mediação precisamente porque está *diminuído*, de acordo com a equação:

discreto = *contínuo* – *resto*
(cultura) (natureza)

[22] *Ibid.*, p. 68.
[23] *Ibid.*, p. 127.

> "Em todos os casos [leiamo-nos], um sistema discreto resulta de uma destruição de elementos ou de sua subtração de um conjunto primitivo cujo próprio autor está *diminuído*... Cegos ou coxos, caolhos ou manetas são figuras mitológicas freqüentes pelo mundo e que nos desconcertam, porque o estado delas nos aparece como uma carência. Mas, da mesma forma que um sistema que se tornou discreto por subtração de elementos torna-se logicamente mais rico embora seja numericamente mais pobre, da mesma forma os mitos costumam conferir aos enfermos e aos *doentes* uma significação positiva: eles encarnam modos da mediação[24]".

Doente, cego, coxo, Lévi-Strauss enriquece a série com outro personagem, mais surpreendente, "o *confinado*, que conota uma atitude particular em relação ao mundo feminino perante o qual ele recusa tomar suas distâncias, buscando, ao contrário, lá se refugiar... O *confinado*, o recluso, será aquele que, como diríamos, 'se agarra nas saias da mãe'[25]".

Esses desenvolvimentos permitem aprofundar a reflexão freudiana sobre o judaísmo que estamos levando a cabo, pois as figuras mediadoras que Lévi-Strauss extrai são precisamente aquelas que Israel apresenta ao mundo – fonte de violentas ambivalências – através de seus patriarcas fundadores: Abraão, diminuído pela circuncisão, Isaac, cego, buscando, sem ver, a identidade dos filhos, sobretudo o último e principal patriarca, Jacó, que condensa em si todas as modalidades da mediação: "confinado" junto à mãe, gostando de cozinhar e possuindo a arte de cozinhar em fogo brando os pratos de lentilhas que lhe renderão a fortuna da herança paterna em detrimento do irmão caçador, hiperviril, Esaú; mas também, conseqüência de seu combate contra o Anjo, de onde vem seu nome de Israel, Jacó é fundamentalmente o coxo, de quem os descendentes guardam a memória – com uma estranha altivez – no interdito de consumir os quartos traseiros de um animal. O mesmo Jacó-Israel fez-se conhecer dos homens por esse

[24] *Ibid.*, p. 62. Grifo nosso.
[25] *Ibid.*, p. 65.

sonho do mais luminoso exemplo de mediação que já se inventou: a escada pousada no chão e cuja extremidade se perde nos céus.

Os profetas, por sua vez – Moisés e Jeremias, com a dificuldade que tinham de falar, Jó e sua doença –, insistirão nessa função mediadora do enfermo.

Entendemos melhor, para além dos relentos nacionalistas secundários, essa espantosa perseverança do povo judeu em se querer a um só tempo "povo eleito" e "povo coxo". A desajeitada noção de eleição designa fundamentalmente a função de mediação do judaísmo entre natureza e cultura, por ritos que o aproximam dos povos mais primitivos e um pensamento talmúdico que o põe facilmente na ciência, entre Oriente e Ocidente, entre Deus e os homens.

Acrescentemos que o povo judeu reivindica coletivamente o lugar de "esposa de Deus" e, por conseguinte, uma certa posição feminina. A mulher, com efeito, pelo fato de encarnar em sua anatomia a castração, diminuição suprema, torna-se a figura mediadora por excelência entre os homens, as culturas, agente privilegiado da ação divina na História.

A evocação da mulher conduz à derradeira e decisiva objeção em que os caminhos lévi-straussiano e freudiano se separam. Ela se refere à lição global que Lévi-Strauss retira no fim de sua obra.

> "E, se perguntarmos a que derradeiro significado remetem essas significações que se significam, uma e outra, mas em relação às quais é preciso que, no fim das contas e todas juntas, elas se refiram a algo, a única resposta sugerida por este livro é que os mitos significam o espírito que os elabora por meio do mundo de que ele faz parte [...].
> Por isso é inútil procurar isolar nos mitos níveis semânticos privilegiados: ou bem os mitos assim tratados reduzir-se-ão a platitudes, ou bem o nível que acreditaremos ter liberado se afastará, para retomar automaticamente seu lugar num sistema que comporta sempre vários níveis[26]".

[26] C. Lévi-Strauss, *op. cit.*, pp. 346-347.

Ao fim de seu percurso, Lévi-Strauss encontra essa entidade dificilmente situável fora de uma concepção teísta: o "algo" último seria o espírito. A ele oporemos essa outra concepção, que sai da experiência freudiana: por que o termo derradeiro não seria o *nada*, um buraco negro radical onde o carrossel vertiginoso dos significantes viria perder-se... e partir novamente, defeito da estrutura que a sustenta, buraco de *non-sens* no sentido que prolifera?

Mas por que o *nada* e o *espírito* lévi-straussiano seriam inconciliáveis, e não se poderia identificar o espírito com esse buraco que sem cessar se desloca, nunca no lugar onde pensávamos apreendê-lo e aboli-lo, e cria em suas bordas aspirações e turbilhões? Porque essas duas concepções culminam ao menos nessa divergência que parece de importância: ausentes para Lévi-Strauss, até mesmo "platitudes", os "níveis semânticos" bem existem para a psicanálise, transparecendo a cada página do livro sem que o texto, sempre fluido, queira lá parar. O buraco estrutural, a falta que caracteriza o fato humano, conjuga-se com o que chamávamos o *campo da procriação*, da sexualidade e seus impasses: mistério da gravidez e da maternidade, enigmas da paternidade e da filiação, enfim a morte, duplo do conjunto do campo.

Essa posição freudiana não parece difícil de ser sustentada através do próprio texto de *O cru e o cozido*. Desde as primeiras páginas, o vínculo entre fogo e campo da procriação é estabelecido – mas como que de modo sub-reptício:

> "Um mito kraho, relativo a uma visita de um herói humano à casa do jaguar, contém a seguinte observação, que liga diretamente o motivo do fogo e o da gravidez: 'A mulher do jaguar estava grávida, na véspera de parir. Tudo estava pronto para o parto, sobretudo um bom fogo que flambava, pois o jaguar é o dono do fogo'[27] ".

À conjunção, no registro imaginário, da maternidade e do fogo faz eco, no simbólico, a oposição do contínuo ao descontínuo. Lévi-Strauss observa que essa distinção sincrônica repete a oposição diacrônica presen-

[27] C. Lévi-Strauss, *op. cit.*, p. 80.

ça/ausência, aquela mesma que Freud, fundamentalmente, na observação do *fort-da*, liga à mãe[28].

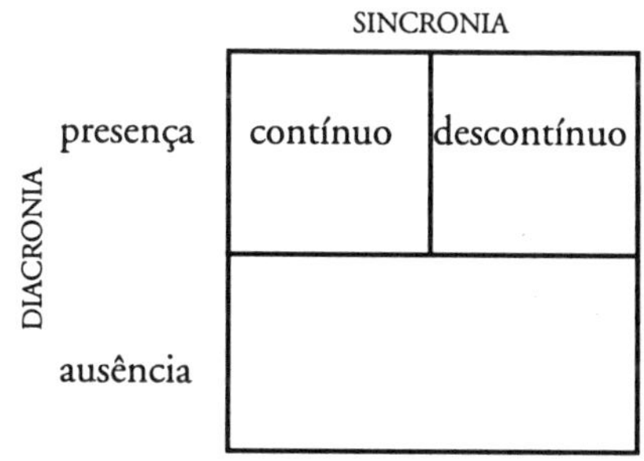

esquema nº 8[29]

Estes temas – maternidade e paternidade, nascimento e morte, castração – descrevem uma sarabanda incessante ao longo da obra, com uma insistência particular em seu meio, na parte intitulada "Fuga dos cinco sentidos – Cantata do sarigüê".

A questão da brevidade da vida e da morte lá está diretamente ligada à cozinha e, por conseguinte, à cultura:

> "A comparação entre as versões apinajé e carajá da origem da vida breve oferece outro interesse, que é de tornar manifesto o vínculo entre esse motivo e o da origem da cozinha. Para acender o fogo, é preciso recolher madeira morta, logo, atribuir a esta uma virtude positiva, embora seja privação de vida [...] entre a vida breve e a obtenção do fogo de cozinha, existe uma ligação intrínseca[30]".

A função da feminilidade como mediadora privilegiada, aquela por quem vem ao mundo o saber, mas também nascimento e morte – ou seja, o que recobre para nós o pecado de Eva , é lembrada, por assim dizer, em cada mito.

---

[28] S. Freud, *Para além do princípio de prazer*, in *S. E.*, vol. XVIII.
[29] C. Lévi-Strauss, *op. cit.*, p. 232.
[30] *Ibid.*, pp. 159-160.

> "M77...: O primeiro homem, criado pelo demiurgo, vivia na inocência, embora possuísse um pênis sempre em ereção cuja detumescência ele tentava inutilmente provocar, regando-o com sopa de mandioca. Instruída por um espírito aquático [...], a primeira mulher ensinou a este como amolecer seu pênis entregando-se ao coito. Quando o demiurgo viu o pênis flácido, ficou com raiva e disse: 'Doravante terás um pênis mole, farás filhos, e depois morrerás; teu filho crescerá, ele também fará um filho, e também morrerá'[31]".

Não se pode exprimir de modo mais claro a dimensão da castração freudiana. Mas, aqui como em outra parte, unicamente preocupado com considerações formais e estruturais – decerto muito importantes –, Lévi-Strauss não acompanha esse texto de nenhum comentário.

Com a "Cantata do sarigüê", o enigma da mulher, mãe e mediadora, retorna e se amplifica.

Por uma citação de Florian, Lévi-Strauss de imediato apresenta esse pequeno marsupial, como "modelo das mães[32]". Os mitos jês lhe atribuem a origem das plantas cultivadas – e principalmente cereais –, ao mesmo tempo que comer esse animal, figura nutriente por excelência, causa envelhecimento e morte[33].

Os indígenas igualmente associam à emergência dessa figura mítica a diferenciação das línguas, dos povos e dos costumes.

O sariguê às vezes assume o lugar do jaguar como dono do fogo[34].

Notemos que o autor extrai cada uma dessas significações por um processo análogo à *gezera chava* midráchica, pondo em paralelo mitos de diversas origens.

---

[31] *Ibid.*, p. 163.
[32] *Ibid.*, p. 172.
[33] *Ibid.*, pp. 172 e segs.
[34] *Ibid.*, p. 183.

Entre essas significações, ressaltemos um atributo surpreendente, de grande importância, ligado ao sariguê, o do "fedor", de "mofo", associado a esse contexto de maternidade e de cereais.

Essa constelação heteróclita já foi encontrada a respeito da análise dos ritos da festa de *Pessah*: a proscrição enérgica, absoluta, do *hamets*, termo que justamente designa o "fermentado", o "corrompido". Nossa interpretação da Páscoa judaica como festa da separação do sujeito e da mãe, preparação ao advento dessa grande fala que resume os dez mandamentos, "Sou aquele que te fez sair do país da escravidão", vê-se reforçada, e a significação do *hamets* mais bem situada num conjunto coerente.

Em todo caso, parece legítimo sustentar, contra Lévi-Strauss, que os mitos alimentares analisados por ele remetem a um "nível semântico privilegiado", talvez impossível de ser designado por um significante particular: a mulher que falta ao homem talvez, o campo da procriação, a conjunção do sexo e da morte, a função fálica, a do Pai – tantos termos que convêm, sem inteiramente satisfazer.

***

O desvio pela antropologia permite precisar esta fórmula que progressivamente se torna algoritmo: *comer o Livro*.

O primitivo, que não dissocia sua alimentação dos mitos – equivalentes do Livro de nossas culturas e do qual eles de fato possuem propriedades – que a sustentam, incorpora esses mitos comendo. A figura mínima típica dessa incorporação é a da carne cozida: comer cozido é engolir metonimicamente o fogo injetado pelo cozimento no alimento, fogo cuja equivalência com a escrita impôs-se por múltiplos exemplos.

Estamos aqui, em resumo, diante de um jogo de equivalências bidimensionais, representável por um sistema de eixos cartesianos que definiria um *espaço clínico*. Os termos que estão indicados não são exaustivos, outros foram precedentemente assinalados, mas parecem os pontos pivôs desse espaço:

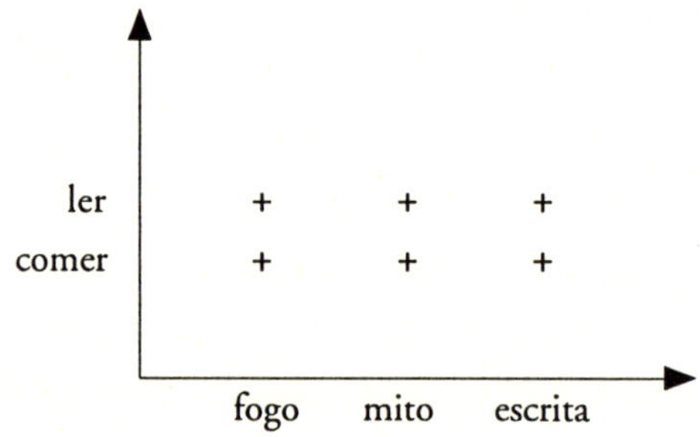

esquema nº 9

Nossa análise também poderia se condensar num quadro de coeficientes cujas combinações forneceriam certas chaves clínicas que logo procuraremos explorar.

	comer	...	ler	...
fogo				
mito				
escrita				
...				

esquema nº 10

6

O Livro no campo freudiano

"A que se assemelha uma criança no ventre
de sua mãe? A um livro dobrado".
Talmude.

"A psicanálise nos ensina que
a criança é o pai do homem".
J. LACAN.

O ser humano come escrita para constituir através do simbólico sua realidade psíquica. Essa tese é tão atípica quanto aparenta no conjunto da teoria psicanalítica?

Seu ponto de ancoragem mais bem estabelecido: o conceito de pulsão oral e sua função primordial na organização psíquica. Sozinho, no entanto, em sua acepção usual, esse conceito não justifica nossa construção. Só que, à luz do saber sobre os ritos e os mitos alimentares, ele a chama.

Rastros de preocupações orais são encontrados desde a aurora dos escritos de Freud, precisamente associadas aos ritos alimentares judeus e à referência que eles implicam ao pecado original. Assim, nesta carta à noiva, com freqüência citada desde que a herança judaica interessa os freudólogos, encontramos estas palavras de um velho impressor judeu, às quais manifestamente Freud adere:

"Tomemos, por exemplo, os ritos alimentares: o que pode haver de mais indiferente que o que se come?... Reportemo-nos à história da Criação. Talvez seja uma fábula, mas uma coisa na qual os humanos vêm acreditando há séculos não pode ser absurda e deve ter sentido. Quando Deus criou os primeiros homens e os colocou no jardim do Éden, o primeiro mandamento que ele lhes deu não foi um mandamento relativo à comida? Por que não foi um mandamento moral[1] ?".

O tema "comer o Livro" torna-se quase manifesto num sonho considerado crucial da "auto-análise" de Freud, *sonho da monografia botânica*[2] .

Esse sonho lhe permite reencontrar uma lembrança de infância de grande importância: seu pai o havia deixado rasgar um volumoso livro ilustrado, desfolhado "como uma alcachofra", conforme sua expressão, objeto altamente comestível. Freud liga a essa cena dois elementos de sua vida adulta. Por um lado, a escolha da alcachofra como flor ou legume preferido, simultaneamente seu gosto sem limites pelos livros, suas compras intempestivas em livraria que lhe causaram dívidas constrangedoras. Concluindo numa palavra esse fragmento de análise, Freud se designa como *Bücherwurm*, "traça de livro", aqueles vermes que justamente roem os livros e dele se nutrem. Doravante é preciso admitir que somos todos *Bücherwurm*.

De que volumoso livro ilustrado Freud teria herdado sua paixão simultânea pelo livro e pela alcachofra – legume altamente "folheado"? Se o texto freudiano não o indica, a obra de Théo Pfrimmer nos sugere a hipótese de que se trataria da Bíblia familiar, a Bíblia ilustrada de Philippson, em que Freud, ele mesmo confessou, mergulhou muito precocemente antes mesmo de saber ler[3] .

---

1 S. Freud, *Correspondance*, 1873-1939, carta 7 de 23-7-1882, trad. francesa, Paris, Gallimard, 1966.

2 S. Freud, "a Interpretação dos sonhos", in *S. E.*, vol. IV e V.

3 T. Pfrimmer, *Freud lecteur de la Bible*, Paris, P.U.F., 1982.

Posteriormente, esse tema parece desaparecer dos escritos freudianos. No entanto, uma leitura atenta permite adivinhá-lo em vários textos importantes.

O primeiro exemplo encontra-se no caso *princeps* da análise de Dora[4]. Essa jovem histérica inscrevia-se complacentemente numa quadrilha em que um casal de amigos, os K., duplicava o casal parental. Mme K. era a amante do pai, ao passo que o marido tentava seduzir Dora. A esses cinco personagens de tragicomédia, que fizeram escorrer tanta tinta psicanalítica, convém acrescentar, o que poucos autores viram, um objeto: um volumoso dicionário que, tal como a doninha, emerge ou se adivinha nos momentos mais inesperados. Assim, nesse momento crucial dito do segundo sonho, Dora sonha que está lendo uma carta da mãe anunciando-lhe a morte do pai.

Sabemos, Freud terá sublinhado o bastante, que a morte do pai é para qualquer homem o acontecimento mais trágico de sua existência. *A fortiori* para uma histérica, cuja estrutura está inteiramente dominada pelo amor do pai. Como Dora reage diante dessa morte? Primeiro, esquecendo a continuação do sonho: "As partes de um sonho esquecidas e rememoradas ulteriormente" – escreve Freud – "são sempre as mais importantes para a compreensão". Depois, esse esquecimento se dissipa e Dora se lembra de que "vai tranqüilamente para o quarto e *lê um grosso livro que está sobre a sua mesa*".

Freud a interroga: "Trata-se de um livro com o formato de um dicionário?". Ela responde pela afirmativa. Ele daí conclui laconicamente, mas rápido demais: "Com o pai morto, ela podia ler e amar à sua guisa". Dora de fato tirava todo o seu saber sexual da leitura *ávida* desse dicionário, saber que constitui a trama de sua realidade psíquica.

Assim, Dora consola-se facilmente da morte do ser querido entre todos com um dicionário, este parecendo tomar perfeitamente o lugar do Pai-morto.

O livro indicado em Dora pode ser encontrado em várias curas de histéricas, e primeiramente na para sempre mais célebre de todas, já que

---

[4] S. Freud, *Cinco Psicanálises*, "Dora", cap. 3, in *S. E.*, vol. VII.

primeira na história da psicanálise, a cura dita de Anna O. Vamos aí também assinalar a presença, na sombra, de um livro, uma coletânea de Shakespeare desta vez, que colava tão forte na língua e no paladar da jovem judia germanófona que durante a sua doença ela só podia falar... inglês – daí a invenção das expressões célebres em psicanálise, *chimney-sweeping* e *talking-cure*. Esse sintoma, único nos anais, nunca foi interpretado, apesar da abundante literatura suscitada por Anna O. Não teria ela "engolido" seu Shakespeare em substituição a seu próprio pai moribundo?

A relação de Dora com o dicionário conduz a outras considerações. Se o livro canônico, de origem religiosa, constitui a chave de abóbada da realidade psíquica, para Dora esse mesmo lugar cabe ao dicionário. Não hesitemos em generalizar: esse tipo de livro toma o lugar, para o homem da era científica, para o sujeito da ciência cujo apego às religiões reveladas se desfez, do Livro, da Torah de um judeu piedoso por exemplo. Daqui por diante, esse homem só espera "revelações", referências de um bom dicionário.

Dominique, uma paciente, nos declara nas primeiras sessões de sua cura: "Decidi voltar à realidade: abri meu dicionário". Este se tornou nosso campo referencial, o livro dos livros, a "realidade". Se quisermos assegurar nosso saber sobre alguma questão, científica, literária, geográfica, etc, abrimos o *Littré*. O judeu piedoso, este, age da mesma maneira, só que não abre um dicionário, mas uma Bíblia ou um Talmude.

Ressaltemos, também, essa metamorfose dos costumes. Antigamente, quando uma criança tinha aprendido a ler, ofereciam-lhe com solenidade uma Bíblia. Hoje, seguindo os conselhos de G. Duhamel, "o mais belo presente que se possa fazer a uma criança quando ela sabe ler é lhe oferecer um dicionário". Da mesma forma, dizia-se de um erudito: "É um *Sefer Torah*, uma Bíblia". Hoje, prefere-se designar esse homem como "dicionário" ou "enciclopédia". A própria forma do dicionário, até mesmo seu papel imitam os do Livro, fazendo do laico o livro sagrado.

Essa equivalência *Bíblia* ~ *dicionário*, para dela se convencer ainda mais basta consultar o verbete *dicionário* de um dicionário[5]. Ali descobri-

[5] Para a ocasião, escolhemos o *Robert* em onze volumes.

mos que a própria idéia de tais obras é recente, contemporânea justamente da emergência da ciência. Os latinos com certeza inauguraram o empreendimento no século II, com o *Onomasticon*, mas a verdadeira aventura começa nos séculos XVI-XVII.

Muitos autores sublinharam a equivalência notada aqui. Anatole France, por exemplo, escrevia: "Vendo bem as coisas, o dicionário é o livro por excelência. Todos os outros livros estão dentro dele: basta apenas tirálos de lá. Assim, qual foi a primeira ocupação de Adão quando saiu das mãos de Deus? O Gênese nos diz que ele nomeou primeiro os animais pelo nome. Antes de tudo, ele fez um dicionário de história natural". Baudel, sobretudo, teve a seguinte intuição: "Vejo na Bíblia um profeta a quem Deus ordena comer um livro. Ignoro em que mundo Victor Hugo comeu previamente o dicionário da língua que ele era chamado a falar".

***

Uma outra presença do livro em Freud, talvez mais sutil mas que abre importantes perspectivas, encontra-se em *Introdução à psicanálise*, no capítulo crucial dedicado à transferência[6]. Todos sabem, por outro lado, que Freud gostava particularmente de botânica e possuía na matéria sólidos conhecimentos. "A transferência" – escreve ele – "pode ser comparada à camada intermediária entre a árvore e a casca, camada que fornece o ponto de partida para a formação de novos tecidos e para o aumento de espessura do tronco".

Essa mesma metáfora, "entre árvore e casca", encontra-se igualmente empregada em outra parte para designar o próprio inconsciente, em Freud como em Lacan.

Ora, precisamente, esse "entre casca e árvore" chama-se em botânica o *liber*, etimologia precisamente de "livro", já que o primeiro suporte da escrita foi essa camada intermediária fácil de desprender em certas espécies.

[6] S. Freud, *Introdução à psicanálise*, cap. 27, in *S. E.*, vol. XVI. Extraímos o desenvolvimento que segue, em estado quase bruto, do discurso de uma paciente, M., que sofria de um alcoolismo de que saiu curada. Ignorando tudo das preocupações expostas aqui, ela realiza sozinha essa decifração.

Implicitamente, portanto, Freud nos propõe uma teoria da transferência estruturada como um livro.

O termo *liber* revela-se, aliás, um nó abundante de significações, repartidas em duas vertentes antinômicas e separadas por um fio de cabelo, por uma linha de crista.

Com efeito, o mesmo *liber* está na raiz do termo "liberdade". Que o livro e o fracasso da tirania mergulhem suas raízes no mesmo ponto já é rico de ensinamentos. A alegoria de Ezequiel comendo o Livro nos figura – vai ser preciso voltar a isso – um processo de emancipação.

Reencontramos o livro-liberdade no significante "libertar* ", que designa o fim de um parto. Nossa língua reencontra, assim, a equivalência talmúdica criança-livro, provavelmente universal.

Por outro lado, *liber* remete a outra vertente, *a do álcool e da mitologia*. *Liber* ou *Liber Pater* é, com efeito, o nome latino de Dionísio-Baco, do qual tiramos o termo "libação". Ele deriva da tradução de *Lyaios*, o "Libertador", apelido dado a Dionísio, liberdade entendida aqui como fora-da-lei[7].

Um breve desvio pela mitologia nos informa que esse deus foi procriado conforme um roteiro inabitual. Sua mãe Semele morre no sexto mês de gestação e Zeus, o pai, trará o feto costurado na coxa. Como na *couvade*, como em toda assunção de paternidade, o pai ocupa transitoriamente, imaginariamente, uma posição feminina. Mas, incontestavelmente, o mito de Baco-Dionísio leva esse dado a seu extremo, representando *um modo de paternidade profundamente desorganizado.*

Essa desordem se desdobra e se amplifica no culto prestado a esse deus, nessas orgias cruéis ditas *bacanais.*

Dionísio encarna no mito a posição subjetiva de recusar a lei da cidade, embora viva à sua margem, em contato com ela, na denegação.

> "Dionísio [nos diz o dicionário] nunca está inteiramente inscrito na cidade. Seus templos lá são raros, ele está com

---

* Em francês *délivrer.* (NT)

7 Já que estamos nestas páginas freqüentando o dicionário, é o *Grand Larousse encyclopédique* que fornece aqui essas precisões. Verbete *Dionysos.*

> mais freqüência diante da cidade que dentro dela. Todo um aspecto que o reivindica valoriza essa recusa do político e da vida socializada".

O sujeito transpõe incompletamente o hiato que separa natureza e cultura, ele reclama a sua proximidade, seu apego à natureza mãe. Curiosamente, essa posição se traduz em comportamentos e ritos alimentares:

> "A partilha [prossegue o *Grand Larousse*] se faz em termos culinários: a cidade incita a comer a carne cozida de animais domésticos sacrificados segundo as regras que prevêem a parte dos deuses e a que os homens podem obter. No dionisismo, o modelo é a omofagia: comer cruas as carnes de uma vítima animal capturada e dilacerada ao fim de uma perseguição selvagem".

Que encontramos aí senão, de novo, a lei noachida *Evar min hahaï*, só comer carne sacrificada, à primeira vista tão anódina e que progressivamente confirma sua função cultural essencial, de que a *cacheroute* é o reforço? O culto báquico consiste primeiramente em questionar, em renegar esse rito alimentar universal. Dilacerar uma presa como um animal carnívoro diz-se em hebreu *taref*, ou seja, o contrário de *cacher*.

Reaparece, também, em todo rito, essa permanência alimentar de um *resto* que cabe a Deus para fundar a descontinuidade necessária do simbólico, função, ela também, denegada no dionisismo.

> "Saímos assim [conclui nosso autor] do sistema que funda a condição humana numa dupla relação: com os deuses e com os homens. Dionísio arrasta seus fiéis para uma natureza exterior à cidade na qual os bichos, os homens e os deuses se confundem e são intercambiáveis".

Para conduzi-los aonde? Sem dúvida possível, para a barbárie extrema:

> "As bacantes se comportam como bichos ferozes e Agave traz consigo a cabeça de seu filho perseguido pela malta de

> mulheres cuja corrida ela dirige. No ponto extremo, Dionísio força a antropofagia. Caímos num tempo anterior à sociedade, em que os homens se comem como fazem os bichos selvagens [...]. O plano da bestialidade se confunde com a idade de ouro. Dionísio inaugura o reinado da Unidade, anterior ao tempo da diferença [...] apaga a partilha traumatizante entre os deuses e os homens".

Somente suprimindo a Lei, que não ignoram, mas que denegam, Baco e seus discípulos longínquos introduzem um traumatismo mais grave ainda: a barbárie.

Dionísio é uma figura, entre outras, desses delírios religiosos cruéis em torno de divindades maternas de antes do *Moriah*, no qual o braço de Abraão pára antes de acertar o pescoço de seu filho. Agave, como todos os *baalim* cananeanos, ao matar o filho, ri do interdito do Pai que lhe enuncia: "Não reincorporarás teu produto". Essa temática da Mãe e da volta a ela, à natureza, à idade de ouro, a que o Pai faz objeção, está na raiz de toda patologia individual como dos grandes delírios coletivos bárbaros de toda época, da nossa, particularmente.

A incorporação do Livro, esse pau na goela do crocodilo que o impede de fechá-la sobre a sua presa, o sujeito, parece aqui parcialmente fracassada, não inteiramente ausente, mas instável, não cumprida. O drama de todo alcoolista, vamos logo precisar, desdobra-se sobre esta tela de fundo: uma paternidade perturbada, até mesmo impossível.

***

Notemos uma última referência, furtiva mas preciosa, do texto freudiano, senão ao Livro, pelo menos à escrita. Ela se encontra no crepúsculo da obra, no célebre *Mal-estar na civilização*:

> "Na origem da escrita estava a linguagem do ausente, a casa de habitação, o substituto do corpo materno, essa primeiríssima morada cuja nostalgia persiste provavelmente sempre[8] ...".

---

[8] S. Freud, *Malaise dans la civilisation*, in *S. E.*, vol. XXI, p. 91.

Esse julgamento apresenta uma ambigüidade de significação. Afirma ele a equivalência da escrita e do corpo materno? O velho princípio midráchico de contigüidade dos enunciados, retomado por Freud, nos autoriza a dizê-lo. Aliás, existe ausente mais radical que a mãe?

Um autor de primeira importância, Melanie Klein, tira nossas últimas dúvidas: a escrita é o equivalente do corpo materno. Ela o afirma em vários textos, particularmente em seu livro *A psicanálise das crianças.* O vínculo da leitura com o parto lhe é também familiar.

> "A leitura [escreve ela], em razão da equivalência simbólica entre os livros e o corpo da mãe, acabara por representar um arrancamento brutal das matérias e dos filhos que se encontravam no interior da mãe[9]".

De um ponto de partida e numa formulação muito afastados dos nossos, Klein chega assim a conclusões convergentes – com uma exceção de porte: o Livro é símbolo materno, embora até aqui nos aparecesse ligado ao pai.

Antes de comentar essa divergência, examinemos um texto de outro aluno eminente de Freud, influenciado, nessa ocasião, por Melanie Klein, James Strachey, o autor da canônica *Standard Edition* que – deve-se espantar com isso? – dedicou um verbete a: "Alguns fatores inconscientes no mecanismo da leitura[10]".

Articulado na categoria das pulsões – que Freud, crítico velado das produções de certos alunos, chamava "nossa mitologia" –, esse curto texto oferece numerosas e inesperadas similitudes com as teses deste livro.

Lá se encontra sobretudo a afirmação nítida de que a leitura, ainda que ponha em jogo outros mecanismos, é o substituto de comer, a sublimação da oralidade. Tese apoiada na observação clínica de distúrbios de leitura, mas também em observações de linguagem. Como o francês, o

---

[9] M. Klein, *la Psychanalyse des enfants*, trad. francesa, Paris, P.U.F., 1978, p. 69. Cf. também pp. 199 e 282.

[10] J. Strachey, "Some Unconscious Factors in Reading", *International Journal of Psycho-Analysis*, 1930, vol. XI.

inglês apresenta numerosas metáforas alimentares relativas à leitura: leitor voraz, onívoro, etc.

Strachey encontra, na passagem, os dois modos de leitura precedentemente situados como leituras "indiferente" e "canônica", que ele mesmo designa: leitura fácil, leitura problemática. Para ele, a razão dessa clivagem se deve à divisão da fase oral em dois momentos: o da alimentação líquida depois sólida, ou sádico-oral. Essa explicação genética, apesar de seu interesse, não dá conta, certamente, do essencial do fenômeno.

Citando Klein, mas também Freud e Glover, ele retoma a equação:

Livro = corpo da mãe devorado na leitura

Mas o caráter forçado, fortemente regrado da operação evoca inevitavelmente uma participação paterna que Strachey reintroduz ao fazer da leitura um equivalente de... coprofagia[11], perversão que os kleinianos interpretam como símbolo do pênis paterno incorporado. A leitura torna-se, por essa acrobática dedução, uma devoração do pai.

Strachey não deixa, enfim, de evocar Ezequiel.

Resta o equívoco: o Livro é equivalente paterno ou materno? O fato de haver um componente feminino no Livro não pode deixar dúvida quando se considera a ternura manifestada por um fiel judeu ao trazer nos braços um rolo da Torah ou ao cobri-lo com suas vestes. Da mesma forma, esses gestos de piedade evocam as atenções dadas a um bebê.

Mas o componente *pai* do Livro nos parece prevalecente. A teoria da função paterna de Lacan, de inspiração estrutural e lingüística, permite decidir simplesmente a hesitação. Falar de "substituto" ou de "equivalente" materno indica bem o engajamento do sujeito no simbolismo da linguagem. A que outro título, com efeito, as páginas de um livro podem substituir o corpo de uma mãe? Substituição de significantes, portanto, o do Livro – e do amor que se tem por ele como pelo pai – vindo recobrir o desejo da mãe. Essa substituição – ou antes, essa *metáfora* – é aquela mesma que define o pai como ponto regulador de toda a estrutura da linguagem.

[11] O tema da coprofagia está, aliás, presente em Ezequiel.

Aliás, há lustros os cabalistas sentiram e longamente comentaram a dimensão feminina e materna que se perfila por trás da austera figura do Pai.

Assim, Melanie Klein e sobretudo Strachey, por vias próprias, chegaram a elementos de conclusão muito próximos destes do presente texto. Mas não ousaram dar o passo decisivo, entender que essa operação de comer o Livro era a verdade dos desacertos – e das intuições – de Freud a respeito do banquete totêmico. Muitas dificuldades relativas à identificação primária e ao supereu teriam sido aplainadas.

Com Lacan, o ponto nodal da incorporação do Livro está totalmente explicitado. Sua reflexão sobre o supereu freudiano já o pôs na pista. Como Freud – interroga ele – pôde inventar essa instância feita de linguagem, dando-lhe a oralidade como raiz, a não ser introduzindo a hipótese, aparentemente maluca, do ser humano comedor de palavras[12]?

Alguns anos mais tarde, ele conclui um dos momentos mais fortes de seu ensino, seu seminário sobre *A ética da psicanálise*, com uma bela e longa meditação sobre São João comendo o Livro[13]. Desta vez, em vez do supereu, é uma outra aporia de Freud que Lacan quer ilustrar: a da sublimação, em que a pulsão se satisfaz sem recalque, mas mudando de objetivo. Que melhor exemplo tomar que o da oralidade, aparentemente tão próxima das necessidades biológicas?

"Há comer" – enuncia ele. – "O quê? O Livro [que em] essa imagem poderosa torna-se a incorporação do próprio significante".

Essa operação – prossegue ele – "acontece todos os dias". Mas a sublimação necessariamente se paga com uma renúncia de gozo, com uma "libra de carne" cuja recuperação é precisamente a função da religião – libra de carne cuja queda verificamos, a cada etapa, como pontuação das etapas da *cacheroute* ou no exame dos mitos alimentares, criadora do descontínuo e do simbólico. Assim se introduz o conceito de *desejo*, que essa perda suscita.

---

[12] J. Lacan, *Le Séminaire*, livre IV: *La Relation d'objet*, Paris, 1994, Éd. du Seuil.

[13] Com certeza escapou-lhe que Ezequiel precedera o Apocalipse de João.

Aonde leva esse cego desejo humano, hoje refugiado, segundo Lacan, no homem de ciência?

> "Talvez o futuro no-lo revele do lado daqueles que, pela graça de Deus, comeram mais recentemente o Livro, aqueles que não hesitaram, este livro da ciência ocidental, em escrevê-lo com seus esforços, até mesmo com seu sangue. Nem por isso deixa de ser um livro comestível... O importante não é saber se o homem é bom ou mau de maneira original, o importante é saber o que dará o Livro quando tiver sido inteiramente comido[14]".

No enigma do desejo, em seu metabolismo, o Livro representa seu papel despercebido[15].

No entanto, Lacan também não tira todas as conseqüências do mecanismo que ele cria, a resposta que ele contém à difícil questão da identificação primária. Talvez porque a realidade da incorporação de escrita lhe escapasse, essa realidade que descobrimos no *seder* de *Roch Hachana*.

***

Aonde tudo isso leva? De agora em diante, direto para a clínica, a mais diretamente observável e a mais clássica.

Com efeito, não cessamos de interrogar a questão fundamental da psicanálise, aquela que sustenta todo o seu edifício: a função paterna, essa estranha chicana em que, passando pela castração, o próprio sujeito chega ao desejo e à paternidade. Momento crucial que mobiliza o conjunto da estrutura, com a aceitação desse fato que duplica ou enuncia de modo di-

---

[14] J. Lacan, *Le Séminaire*, livre VI: *l'Éthique de la psychanalyse*, Paris, 1986, Éd. du Seuil.

[15] A observação clínica verifica esse papel facilmente. Uma paciente obsessiva, por exemplo, declarava que no início de sua puberdade "bruscamente os livros substituíram as bonecas", esses *ersatz* de seu desejo de criança.

ferente a sexualidade: a morte. Chicana rica de equivalências cuja equação nos foi dada por Freud:

fezes ~ pênis ~ criança

enriquecida primeiramente com um termo, o de *Livro*, depois com dois outros, fornecidos pelo estudo dos mitos: o *fogo* e o próprio *mito*, ancestral do Livro. Assim se obtém essa nova cadeia desenvolvida:

$$\overrightarrow{\textit{fezes} \sim \textit{pênis} \sim \textit{fogo} \sim \textit{mito} \sim \textit{Livro} \sim \textit{criança}}$$

A respeito precisamente dessa criança, maravilhosa como deve ser, não se diz que, ao ela aparecer, o círculo de família se ampliou, isto é, que ele aceita o recém-chegado? A operação comporta sua dificuldade se pensarmos nos ciúmes fraternos que constituem a trama corrente das relações sociais; ou que nesse momento preciso pode estourar a psicose do genitor. Mas, na maioria das vezes, o "feliz acontecimento" se integra bem e rápido no dispositivo familiar.

Pensamos menos na operação inversa, bem mais espinhosa, aquela pela qual o novo sujeito deve reconhecer esse grupo em que ele nasce, esse povo de que ele é membro sem querer, munido de uma história sempre dolorosa, rica talvez de alguns fatos de glória, mas também de quantos dramas e humilhações, de episódios confusos, de covardias e rivalidades intestinas. Esse amargo cálice da história familiar perpetuada em sua estrutura presente, o recém-nascido deve bebê-lo para tomar lugar no desfile das gerações. É esta a significação principal que atribuímos à devoração do Livro: aceitar a sua inscrição na história do grupo que o Livro consigna, seu lugar no desfile de suas gerações, e doravante trazer em si a promessa, a potencialidade do ato procriador futuro. A que se assemelha o Livro no ventre do homem, poderíamos parafrasear? A uma promessa de criança futura inscrita numa linhagem.

Essa questão do desejo, ponta extrema da interrogação psicanalítica, interpela sobre a sua origem, a sua causa misteriosa. Desde seus primeiros passos[16], Freud entende seu contorno: um gozo decepcionado, uma "falta-de-gozar" com a qual toda experiência parece marcada, comparada a um mítico gozo primeiro[17]. O mesmo texto de Freud nos ensina que esse gozo humano machucado associa-se estreitamente – ele é disso o efeito – a um certo saber, estruturado, como todo saber humano, conforme as leis da linguagem. A parte perdida de gozo, incomensurável, vai junto, assim, de uma lacuna, de uma falta no saber que torna impossível para sempre todo *saber absoluto*.

A psicanálise encontrou nessa falha seu lugar de nascimento, falha que Freud chamou "recalque primário", parte de saber sobre a origem, a um só tempo inacessível e estruturando a realidade psíquica. O poder das religiões sobre o homem decorre da pretensão que elas têm de deter esse segredo último.

É necessidade imperiosa para um sujeito aceitar esse limite ao saber que o amputa, aceitar que há impossível de dizer e de julgar. A ilusão de um possível saber absoluto conduz a elucubrações sem fim, à patologia, ao delírio. A efusão mística, fora do simbólico, não parece de melhor veia.

Ora, "comer o Livro" é apenas uma fórmula reavivada para designar a formação desse recalque originário. O romance de Umberto Eco, *O nome da rosa*, ilustra bem esse mecanismo. Um monge medieval pensa necessário à salvação do mundo que uma obra de Aristóteles sobre o riso, cujo único exemplar está em sua posse, nunca seja lida. Ele envenena as páginas do livro para que seu contato cause a morte dos audaciosos leitores. Depois, como nenhuma manobra consegue desviar a humana curiosidade, ele comerá literalmente o livro e disso morrerá; o saber de Aristóteles sobre o riso torna-se, assim, uma parte de saber inacessível.

Essa amputação do simbólico, por mais dolorosa que pareça, é mesmo assim a condição para que o sistema não fique fechado e mortífero, para que um certo jogo, uma parte de equívoco continuem possíveis à linguagem, com seu empilhamento de metáforas e sua ronda de metonímias

---

16 S. Freud, *Projeto para uma psicologia científica*, in *S. E.*, vol. I.

17 Sabe-se a importância que Lacan vai dar a essa perspectiva com seu objeto *a*.

em que o desejo humano pode se insinuar. O sujeito pode, então, como o profeta, responder ao apelo: "Vai e fala!".

Contrariamente, todo projeto totalitário repousa na ilusão de um saber absoluto possível.

A experiência mostra a dificuldade dessa assunção, podendo deixar lugar para uma rejeição sem apelo, que abre as portas de uma psicose. Por uma triste volta do real, na falta de ter sido comido, o Livro comerá aquele que falhou na tarefa.

Quase sempre, aquele que incorporou o Livro recalcará na amnésia o indissolúvel pacto. Posição que acarreta como efeito imediato uma regressão estrutural. Em que linha de defesa? Nossa cadeia de equivalências o indica: no mito, nesse "mito individual do neurótico" que Freud bem cedo identificou. O sujeito inventa para si uma outra história familiar, feita de príncipes ricos ou heróicos. Um tal mito acompanha e recobre um ódio violento contra sua família real, seu grupo cultural e religioso; depois, seguindo a trajetória bumerangue de toda pulsão contra o único objeto realmente a seu alcance, o mais destruído na operação: ele mesmo.

Essa amnésia neurótica pode, agravando-se, dar lugar ao desmentido da operação. É então o reforço da corrente mitológica transformada em mitomania, até mesmo numa regressão mais severa sobre o tema anterior, o do fogo. Clinicamente se constituem, então, as perversões orais, dentre as quais o alcoolismo é a mais difundida.

***

Uma objeção muito importante vem à mente. Eis aqui descrito um dispositivo bem complexo. Como o pequeno do homem, tão desamparado, consegue encontrar seu caminho, cumprir operações tão paradoxais, identificar-se, recalcar, incorporar, etc?

Convém aqui não repetir o curioso silêncio de *Totem e tabu* sobre o *verdadeiro operador* desse conjunto de processos: a mãe.

A maternidade apresenta o enigma, mais ou menos impensável para a mente masculina, de um amor tão puro que aceita essa renúncia pouco comum ao gozo – que uma mãe poderia tirar de seu pequeno e que este lhe reclama – para que nele advenha a função do desejo. O recém-nascido, em sua prematuridade genérica, tende a apenas um objetivo: formar uma díade perfeita com sua genitora, ser seu pólo exclusivo de interesse. Basta ela se ausentar um pouco e o bebê vive esse instante como antecâmara da morte.

Ora, esse mesmo recém-nascido bem rápido descobriu que essa mãe, seja qual for a sua dedicação, parece atraída por um segundo pólo que o exclui, pólo velado para ele, enigmático, o falo, cujo portador é o pai. A díade de seus votos encalha numa tríade. Na interrogação forçada sobre o que "a faz correr", o filho encontra o Livro que a mãe, velada na metáfora paterna, põe a seu alcance. Ele o come em desmame do seio, identificando-se assim com seu pai e com a ordem das gerações que este introduz.

Estão aí muitas significações e efeitos numerosos e diversos para essa incorporação do Livro. Eles não são independentes, formam rede, facetas de um fenômeno complexo cuja articulação recíproca – embora desejável – não é fácil de situar com precisão. Por isso, o esquema nº 11 serve essencialmente de lembrete e de resumo.

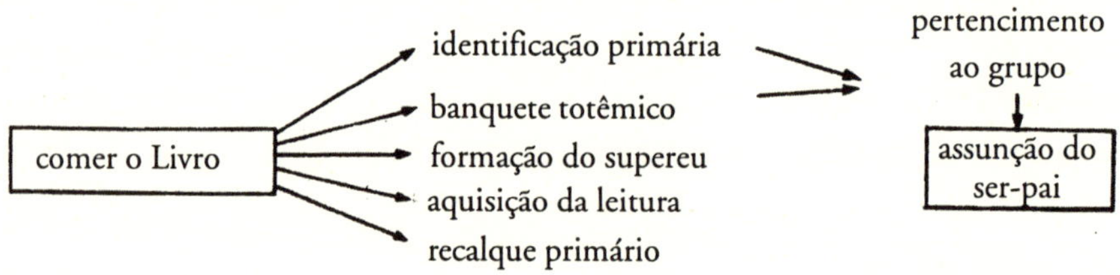

esquema nº 11

Acrescentemos, enfim, que comer significante não é específico ao homem, que em todo caso os animais ditos "d'homésticos" (Lacan) disso participam. A célebre experiência de Pavlov o atesta. De fato, o que se faz com aquele pobre cão? A um alimento é associado um sinal luminoso, auditivo, mas também um significante, uma fala. No segundo tempo da experiência, "serve-se" ao animal apenas essa fala, o que basta para que saliva e suco gástrico escorram.

***

Pode-se, enfim, reduzir o hiato entre a fórmula de Freud, a da devoração canibálica do pai, e a de comer o Livro? Algumas observações e o pequeno apólogo que se seguem tentam esse desafio.

Os livros canônicos das religiões monoteístas, aqueles que ocupam o lugar do Livro – Antigo Testamento e Talmude para os judeus, Evangelhos para os cristãos, Corão para os muçulmanos –, têm ao menos um ponto comum: a condição histórica de sua redação. Cada uma dessas obras mestras relata uma experiência de conversão, isto é, de mutação subjetiva em que a visão do mundo encontra-se totalmente refundada. Curiosamente, a transcrição desta nunca é feita *statu nascendi*, no momento em que a experiência se desenrola, mas quando ela acaba, por seus últimos atores. Ela é disso o *testamento*.

Assim, os últimos mestres talmúdicos, Ravina e Rab Achi, escrevem o Talmude quando a dispersão judaica, não completamente efetuada, está inscrita nos fatos. Da mesma forma, os evangelistas só relatam *a posteriori* a gesta de Cristo. O Sanhédrin estabelece o cânone bíblico quando as instituições do antigo Estado hebreu chegam ao fim. Os exemplos podem assim se multiplicar. O mais luminoso deve ser o de Moisés entregando seu livro aos Antigos pouco antes de seu fim.

O efeito de "colocação em livro" de um ensino no momento em que sua hora histórica se eclipsa, em sua agonia, tem por conseqüência conservar, suspender esse discurso numa existência fora de temporalidade, numa fixidez quase *hipnótica*, sonho acordado. Esse livro estrutura, então, o grupo em que ele nasceu, dá a ele sua liga e assegura a sua perpetuação.

Para o descendente longínquo desse livro existe uma realidade segunda, a um só tempo irreal e, no entanto, tão real quanto os acontecimentos de ontem: a silhueta de Isaac sempre se distingue no crepúsculo, indo à frente da caravana que traz da Mesopotâmia aquela noiva que o "consolará de sua mãe", a de Jacó, dando de beber aos rebanhos da jovem Raquel, a tempestade de fogo sobre o Sinai, a ascensão solitária do Nebo, Davi e sua lira, as imprecações de Isaías, tudo se passa como se eu, hoje, nos engarrafamentos das avenidas ou na espera de um aeroporto, fosse a testemunha direta dessas cenas majestosas, estranhas miragens que nada dissipa, núcleo duro de minha memória e de minha fantasia.

Será, então, aquele fenômeno meta-real de que o poeta Edgar Poe teve a intuição em seu conto “A verdade sobre o caso do Sr. Valdemar[18]”?

Nessa história extraordinária, o herói, no momento de falecer, faz-se hipnotizar e morre nesse estado. A hipnose permite ao corpo não se decompor ao mesmo tempo que o defunto conserva a fala e mostra a sua terrível experiência. Ele vai finalmente pedir que ponham um termo na hipnose e, no instante mesmo, o cadáver fica líquido, numa putrefação abominável.

O Livro dá realidade à metáfora de Poe. Ele mantém viva, embora passada, a fala dos mestres fundadores do grupo considerado. Então, o comer corresponde a esse atroz banquete canibálico que Freud imaginou em seu banquete totêmico.

***

Assim, literalmente, o Livro aparece como o espectro necessário que habita os homens. Poderíamos tecer em volta dele uma nova concepção da História de que ele seria – tanto quanto a luta de classes, o nariz de Cleópatra ou o progresso das técnicas – o verdadeiro efetor. Contentemo-nos com algumas observações que fecharão provisoriamente nossa tessitura.

A história dos homens nos parece efetivamente costurada pelo fio do Livro, por sua circulação de doninha no tecido social, pelo recorte da espécie humana em grupos rivais efetuado por ele.

No próprio interior dos espaços culturais determinados e estruturados por esses livros, desenrolam-se indefinidas lutas de morte, não por puro prestígio, mas para o controle do Livro, para possuir seu depósito e dominar a sua circulação, para impor, desafio supremo, uma certa leitura oficial. Numa palavra, o Livro se apresenta como o verdadeiro cetro do poder.

Contestar o poder estabelecido nem sempre corresponde a traduzir diferentemente as Escrituras canônicas, a renovar-lhes a perspectiva num remanejamento tão profundo que a própria língua pode acabar modificada. Evoquemos aqui, como ilustração exemplar, a grande aventura de Lutero, verdadeiro inventor do alemão moderno.

---

[18] Edgar Poe, *Histórias extraordinárias*.

Essa aspiração ao controle do Livro é, evidentemente, uma aspiração à tirania, a ter nas mãos as redes descendentes da autoridade e à sua mercê o metabolismo do gozo do rebanho de que nos colocamos como guia, rebanho doravante dispensado da prova temível.

O ensino luminoso de Ezequiel situa-se nos antípodas. Aquele que come o Livro, por uma posse individual e inalienável, escapa dessa economia do tirano. O Livro *o é*, diretamente, sem intercessor nem guia. Ele se torna o osso duro onde os dentes da grande boca às vezes se quebram, sempre param. O profeta se opõe ao tirano nessa relação com o Livro que um incorpora quando aquele o coloca sob boa guarda, no índex, num cofre-forte onde os homens não poderão alcançá-lo.

Órgão essencial do poder – em todo caso, de um poder preocupado em se perpetuar e não exercício pontual de uma pura violência –, essa propriedade do Livro decorre de seu papel no mecanismo de transmissão.

Entre as grandes tarefas que devem ser resolvidas por uma instituição, por um poder, a mais importante é a de sua transmissão, da perpetuação de sua estrutura[19]. Daí, regularmente, espinhosos problemas de herança, fonte de conflitos violentos, causados pela ávida cobiça pelo Livro.

As grandes instituições tomadas por Freud como modelos, a Igreja e o exército, apresentam esse caráter exemplar de terem perfeitamente dominado essa operação delicada. Não é este o caso das próprias instituições psicanalíticas.

[19] A questão da filiação lá está, é claro, subjacente.

TERCEIRA PARTE

O Livro e a clínica

1

Para além de uma clínica da oralidade

Práxis primeiramente, a psicanálise, em seu campo, convida toda especulação a medir-se com o real de sua clínica. Permite ela uma apreensão mais fina, uma elucidação de fenômenos que ficaram obscuros? Prova à qual doravante é preciso medir-se, desdobrar-lhe a verdadeira dimensão, ainda que nunca tenha estado ausente dos desenvolvimentos precedentes.

O material clínico não pode evidentemente faltar, considerando o lugar fundamental que a pulsão oral ocupa em todas as estruturas psicopatológicas.

Talvez, e com todo direito, pensemos primeiro naquelas em que ela vem em primeiro plano: o alcoolismo, a anorexia...

Mas, para além, se, como enunciamos após Freud, o homem funda e assimila o simbólico através de sua oralidade, nosso caminho deve cruzar a questão dos distúrbios de aquisição da linguagem.

A *dislexia*, distúrbio das crianças que estão aprendendo a ler e que não o conseguem, ou só o conseguem passando por mil dificuldades, e que constitui um verdadeiro flagelo escolar, interessa-nos particularmente.

O psicanalista encontra a dislexia ou na observação direta da criança, ou na anamnese de um tratamento de adulto. Paradoxo familiar ao clínico, essa segunda via, melhor que a observação direta, revela-se mais rica de informações.

Esse distúrbio pontual no acesso do sujeito ao simbólico torna-se, na *psicose*, o elemento essencial. Veremos o reforço inesperado trazido à nossa construção por um exame, mesmo rápido, da esquizofrenia.

Visão complementar a diversas questões psicopatológicas, cada uma considerada por si mesma, nossa tese permite, além disso, entrever como uma certa afecção pode se transformar em outra, à primeira vista muito diferente.

O praticante com certeza fica pouco surpreso de ver, por exemplo, uma anorexia tornar-se episodicamente bulimia – Maimônides já teria situado esses dois distúrbios na mesma *mida*, numa mesma "linha" patológica. É mais novo afirmar como procedendo de uma mesma causa um alcoolismo do adulto e uma dislexia na infância desse sujeito.

Outras questões se colocam à nossa frente. Aquela, em primeiro lugar, de uma *teoria psicológica do medicamento*. Todos os médicos sabem que, além de seu efeito farmacológico, observa-se freqüentemente que uma poção costuma induzir efeitos paradoxais, às vezes desproporcionados. A questão culmina com o efeito *placebo*, isto é, verdadeiras curas observadas todos os dias com produtos medicamente inativos. Os resultados obtidos pelas terapêuticas homeopáticas poderiam bem se esclarecer por esse viés.

Esse efeito estranho ganha uma amplitude particular com as doenças psicossomáticas, que, lembremos, ao oposto dos distúrbios ditos funcionais, são afecções que apresentam lesões somáticas constatadas.

É fácil verificar isso, o campo percorrido aqui com o olhar é imenso. Como não podemos fazer dele um levantamento detalhado, insistiremos antes em certos pontos que nos parecem doravante em conexão.

– A esquizofrenia como distúrbio extremo, limite, na relação do indivíduo com o simbólico. – A dislexia, ao inverso, como manifestação primeira, pontual desse distúrbio. – O alcoolismo como questão privilegiada, aquela que com certeza fornece os mais belos materiais a nosso estudo. – As neuroses, território por excelência da psicanálise. – Alguns recorridos numa teoria psicológica do medicamento.

Escolhemos utilizar, de preferência, documentos publicados, verificáveis por todos.

Acreditamos que o conjunto forma um primeiro alicerce clínico que atesta que nossa construção tem algum fundamento.

2

A prova pelo esquizofrênico

Costuma-se afirmar que o psicótico, o louco, mostra seu inconsciente a nu. Afirmação errônea, mas que atinge as mentes porque dá conta de dados imediatos e mal interpretados da observação.

As manifestações psíquicas, as formações do inconsciente, apresentam na psicose um caráter rígido, não dialetizável, como que petrificado. A comparação em geral utilizada é a de um filme que de repente fica bloqueado numa imagem, transformada em plano fixo. A observação e o estudo dessa formação ficam, por conseguinte, facilitados.

Em todo sujeito operou-se uma espécie de tradução fundamental, uma *metáfora*, isto é, a substituição de um termo por outro, o segundo velando o primeiro: o desejo *da* mãe e *pela* mãe fica transmutado pela função do pai doravante transformada em chave de abóbada da realidade psíquica. No psicótico, essa tradução principial não se operou.

É esta, muito brevemente, a concepção psicanalítica que atualmente prevalece, precisada por Lacan a partir das teorias que Freud estabelece em seu célebre comentário das memórias de um psicótico, Schreber.

Nos rios de literatura analítica que a obra de Schreber – e seu comentário por Freud – suscitou, um detalhe jamais foi sublinhado como merece. Ele assume daqui por diante uma singular importância: a saber, que Schreber *escreve um livro*, que disso decorreu uma sedação de seus distúrbios, suficiente para que as autoridades médicas aceitassem sua saída do hospício. Manifestação, num caso extremo, do caráter terapêutico – sem dúvida hesitante, incompleto – da redação do livro.

Um psicótico, dizíamos, é aquele para quem a função paterna é como um buraco, sem significação no inconsciente. À questão "o que é um pai?" nada vem responder a não ser o delírio.

Ora, pacientemente estabelecemos a equivalência de inspiração talmúdica e doravante fundamental:

livro = criança

Para certos sujeitos, escrever um livro esconde a lacuna que fura a rede simbólica. O livro torna-se "remendo" imperfeito, frágil, a ser renovado, mas que colmata a enfermidade psíquica proveniente de um desfalecimento na função paterna.

Essa saída, escrever um livro, não qualquer livreco, mas um livro que ambicione ser uma obra definitiva como acreditava Schreber, o livro dos livros, que se aproximaria do estatuto de Livro, revela-se ao exame extremamente freqüente, ela ali está sempre que um sujeito falha diante de sua tarefa de homem, de pai *confrontado com o domínio do desejo feminino.*

As figuras patológicas variam e, entre elas, aquela, eminente, do alcoolista. A questão, em suas formas múltiplas, permanece uma: a da psicose[1] .

Um texto menos conhecido que o de Schreber, *O esquizofrênico e as línguas*[2] , de Louis Wolfson, confirma amplamente essas proposições. Poucos documentos ilustram tão bem a relação da psicose com a estrutura da linguagem.

Louis Wolfson, autor e herói principal de seu livro, apresenta-se ele mesmo como esquizofrênico que conheceu múltiplas hospitalizações psiquiátricas. Sua vida inteira gravita em torno dessa obra (escrita diretamente em francês, ela comporta notáveis estranhezas de estilo). O fim do livro mostra uma melhora evidente de sua doença.

Assim, de novo, um indivíduo submetido às mais severas desordens psíquicas encontra na redação de um livro – que, na ambição do autor, não visa menos que reformar a língua em sua escrita e sua gramática, uma espécie

---

1 Lacan sustentou um discurso convergente a respeito de Joyce e de sua obra, prótese para a psicose, sem no entanto recorrer à categoria do Livro.

2 L. Wolfson, *le Schizo et les langues*, Paris, Gallimard, 1970.

de livro canônico, portanto – a saída para seu desamparo, resultado da ausência dessa tradução elementar efetuada por um pai. Toda a atividade de L. Wolfson consiste precisamente num esforço destrambelhado de tradução.

L. Wolfson é judeu americano, mas para a sua família essa referência perdeu toda importância. Os comentários que a obra suscitou sublinham pouco esse traço, que parece no entanto essencial, o lugar mesmo onde jaz a foraclusão do Nome-do-Pai. Aliás, a incrível atividade do herói, dedicada em particular ao estudo do hebreu, terá por efeito devolver uma pálida luz a esse significante primordial.

Sua biografia, particularmente pobre, é rapidamente resumida nas primeiras páginas do livro. Filho de um casal precocemente divorciado, de triste e miserável história; um pai particularmente apagado, do qual é pouco dizer que é inexistente, ilustração daquilo que o termo lacaniano *foraclusão* pode recobrir quando ele se encarna. Sua relação com o filho vai se resumir a visitas ao hospital psiquiátrico concluídas pelo dom de uma moeda.

No entanto, uma peripécia de sua infância retém nossa atenção: o primeiro distúrbio manifestado pela criança L. W. foi uma grave dislexia. "Para poder ler convenientemente essa língua", escreve ele, designando-se com essa terceira pessoa, "fora para ele uma verdadeira batalha[3]".

O "esquizofrênico" – outra denominação de que se paramenta – verifica, assim, a *lei de transformação entre distúrbios patológicos*, aqui entre um comportamento alimentar aberrante, a dislexia e a psicose.

O livro de L. W., contrariamente aos textos do gênero, não é a transcrição de um grande delírio, de interpretações alucinadas, mas a minuciosa descrição das atividades do personagem repartidas em duas rubricas.

Primeiro, a rubrica lingüística. O principal distúrbio de L. W., que vive em Nova Iorque, é não poder suportar ouvir a mínima palavra em inglês, sobretudo pronunciada por sua mãe. Por isso, ele vive com os dedos enfiados nos ouvidos ou então um rádio ligado em programas estrangeiros. Mas essa barragem enérgica não é por inteiro estanque e às vezes uma palavra inglesa consegue cruzá-la e provoca intensa dor. Para eliminar da cons-

[3] L. Wolfson, *op. cit.*, p. 34.

ciência o significante intruso, L. W. descobriu um curioso procedimento lingüístico, que consiste em traduzi-lo em várias línguas estrangeiras, cada tradução devendo conter certas consoantes da palavra inglesa, apresentar com ela uma vaga homofonia. Para ele, só as consoantes contam, vago eco de seu apego hebraico.

A obra é quase inteiramente dedicada a essas esgotantes e, aparentemente, irrisórias atividades lingüísticas. O autor nela desdobra uma formidável energia, estudando simultaneamente, e não sem resultados – seu livro escrito diretamente em francês mostra isso –, línguas tão difíceis quanto o russo, o francês, o hebreu e algumas outras. Para provar o estilo desses exercícios, uma leitura de algumas páginas do livro é indispensável.

Essas estranhas traduções começaram após uma intervenção do pai, mentirosa, mas a única que ele talvez tenha feito na mente de seu filho, ao afirmar que a palavra *árvore* dizia-se tanto em inglês como em russo *tree*. L. W. vai se agarrar a essa grotesca observação, a essa fala do pai, como a uma prancha de salvação.

A atividade patológica de L. W. compreende uma segunda rubrica: seu comportamento alimentar. Com a cumplicidade da mãe, o esquizofrênico se entrega periodicamente a loucas bulimias compulsivas, executadas numa excitação extrema e que o deixam num grande abatimento culpado.

Documento único, a descrição precisa do desenrolar desse acesso apresenta um interesse clínico excepcional. Primeiro, uma fase preliminar, uma espera ansiosa, de que L. W. tenta se proteger com esse escudo doravante familiar: os livros.

> "A necessidade emocional de pegar um ou mesmo vários livros, com ele indo comer (como, aliás, indo a qualquer lugar)[4] ".

Testemunho que coincide com os que o tratamento analítico ou a simples observação fornecem: o livro acalma a angústia, não só por sua leitura, mas já por sua mera presença.

---

[4] L. Wolfson, *op. cit.*, p. 49.

Um paciente costumava assim, após certas sessões, entrar numa livraria e comprar um livro... ou numa confeitaria, com uma predileção pelos mil-folhas. Em meu país natal, nas famílias piedosas, aconselhava-se às crianças que sofriam de temores noturnos que colocassem um ou vários livros da Torah debaixo do travesseiro. Nenhuma angústia de minha infância jamais resistiu a esse tratamento que Wolfson conhece, portanto, mas que se revela para ele um biombo insuficiente.

A segunda característica das orgias alimentares de Wolfson é de alcance igualmente grande. Não se trata, nesses transbordamentos alimentares, de comer, mas, literalmente, de encher a cavidade bucal até a garganta, de modo a que o *mínimo interstício* – os espaços entre lábios, bochechas e dentes – seja suprimido.

"Recheando a boca com grossos pedaços de comida" – escreve ele – "até os espaços entre os dentes negligenciados e não podendo mais fechar esse órgão", e até a saliva que não pode mais escorrer livremente nesse volume onde todo intervalo foi preenchido.

Não estamos confrontados com a antagônica, com a negação do protocolo de todo rito e mito alimentar tal como a *cacheroute* nos ensina? Ao inverso do cuidado meticuloso que toda cultura usa para transformar o *continuum* da tigela alimentar numa ordem descontínua em que os intervalos entre elementos sejam os mais amplos possíveis, o psicótico, esse fora-de-discurso, visa restabelecer o contínuo e apagar o simbólico.

Que a força dessas aberrações seja a rejeição do comer-o-Livro e da leitura que a isso se substitui encontra sua prova na notável descrição de Wolfson. Com efeito, suas crises de bulimia são acompanhadas de um fenômeno aparentemente sem vínculo: evitar, a qualquer preço, ler as etiquetas coladas nas latas e caixas de vitualhas!

Deve ser essa rejeição da escrita que L. W. desloca numa fobia alucinada, a de vermes e ovos de parasitas – traços e pontuação – que poderiam sujar a comida que ele come.

Como nota G. Deleuze no penetrante prefácio que acompanha a obra, a realidade psíquica de Wolfson repousa na equação:

palavras = comida

o psicótico revelando abertamente o que todos efetuam inconscientemente.

Mas nenhum humano, mesmo totalmente louco, pode sobreviver por muito tempo num colapso completo do simbólico. *O esquizofrênico e as línguas* é o relato dos esforços heróicos e irrisórios para estabelecer pobres escoras contra esse desabamento, para repô-las de pé quando são levadas, para restabelecer, numa palavra, a estrutura abolida.

A primeira dessas defesas é uma compulsão mental à análise química de tudo o que ele come. O estudo da *cacheroute* – sempre ela! – já revelou a existência e o alcance desse fenômeno que cria ou reforça as separações, o descontínuo.

O mesmo voto de restabelecer uma ordem discreta transparece nas escolhas dietéticas de L. W. fora de suas crises bulímicas, escolhas que sublinham a intimidade do vínculo entre cozinha e simbólico. Lemos:

> "O psicótico supunha que comer pão, doces, camarões fritos e outras iguarias às quais se acrescentava óleo vegetal, *bem insaturado*, para o cozimento ou a fritura lhe foi salutar ou pelo menos não o prejudicou tanto quanto se, pelo cozimento, fosse acrescentada gordura animal (esta sendo *saturada*)[5]".

As razões médicas que L. W. alega para justificar essa busca do insaturado, por mais verdadeiras que sejam, parecem nesse contexto racionalizações secundárias. A incrível elaboração a que ele se dedica, triturando as letras e os significantes, tende precisamente a desenvolver essa insaturação. O instrumento privilegiado dessa operação, o livro, vem naturalmente a seu encontro em sua forma privilegiada, *ersatz* de Bíblia, o *dicionário*. Wolfson utiliza uma multidão, eles o cercam, o protegem.

Colocando explicitamente a equivalência tão penosamente estabelecida de ler e comer, ele escreve:

---

[5] L. Wolfson, *op. cit.*, pp. 52-53. Grifo nosso.

> "E como costumava ser difícil para o jovem doente cessar de comer uma vez começado era igualmente difícil para ele cessar de consultar seus dicionários em línguas estrangeiras uma vez que começado ali[6]".

Seu esforço não é inútil. Pouco a pouco, L. W. afrouxa o torno que o mata e o fim de seu livro mostra que sua relação com a família, o mundo, a língua inglesa torna-se suportável.

Incontestavelmente, é grande o mérito de Wolfson ao trazer esse testemunho bruto, irrefutável, sobre as estranhas relações que o homem mantém com a língua e a esfera alimentar. Comendo uma, ele engole a outra.

---

6 *Ibid.*, p. 212.

3

O disléxico e seu pai

Se afirmamos a existência de uma relação profunda do pai com o Livro, sua natureza não nos parece menos profundamente enigmática. As Escrituras, que afirmam a coexistência, de toda a eternidade, de Deus e da Torah, nos remetem a esse enigma, à dificuldade, por exemplo, de estabelecer uma hierarquia entre esses termos. Uma possível substituição de um por outro, logo, uma similitude de consistência, é uma primeira manifestação diretamente apreensível – lembremos o sentimento de segurança que ambos proporcionam.

A importância do pai real na efetuação da incorporação do Livro, com o domínio da língua escrita por resultado, é uma segunda.

O estudo dos malogros, até mesmo das impossibilidades dessa aquisição, a dislexia, encontra aqui naturalmente seu lugar. Talvez os materiais que vamos mencionar não tenham o tamanho desejável e estas poucas páginas constituem apenas uma introdução a essa importante questão.

Lembremos que duas vias se oferecem à investigação: a via direta da criança, aquela indireta, como "subproduto" de uma análise de adulto, reatando assim com as preferências do próprio Freud. Essa segunda via é incontestavelmente mais rica, ela permite entender melhor as conexões e as transformações desse distúrbio num outro. Mas o praticante, sujeitado ao quadro da cura, não pode conduzir e aprofundar a sua investigação como poderia desejar.

O exame direto da criança disléxica é, aparentemente, mais promissor. Basta uma consulta a um ambulatório infantil para encontrar um número elevado de casos, constituindo a dislexia um dos principais sintomas atuais da psiquiatria infantil e uma das causas mais freqüentes de consulta.

Mas as razões que se opõem a uma verdadeira investigação psicanalítica também são muito numerosas. A demanda de consulta provém, em maior ou menor grau, sempre da escola. Os professores experimentam diante desse distúrbio cada vez mais freqüente uma angústia impotente. A idade das crianças é um segundo obstáculo. Entre sete e dez anos, no período dito de latência, o momento não parece propício nem fecundo para empreender uma psicoterapia que, quase sempre, as crianças não desejam. Elas não têm mais essa facilidade dos pequeninos para entrar no jogo dos tratamentos de crianças e ainda não formularam um desejo tal como um adulto, até mesmo certos adolescentes podem emitir.

A essas condições desfavoráveis se acrescentam certamente razões intrínsecas, que resultam do próprio distúrbio, da estrutura familiar de que ele é o efeito, e funcionam como veto à análise.

Por isso, o interlocutor supostamente "natural" do disléxico não é o analista – "De que adianta isso"?, costuma interrogar a criança em eco à sua família –, mas o fonoaudiólogo.

Essas considerações pessimistas devem evidentemente ser nuançadas conforme a personalidade, o conhecimento do terapeuta em relação a crianças. Elas não impedem de enunciar algumas observações maciças.

Os analistas que trabalham com dislexia com freqüência colocaram os erros de leitura ou de escrita infantis na categoria do lapso freudiano, do ato falho, no sentido em que ele consegue manifestar um desejo recalcado. Essa pista revela-se estéril.

O erro disléxico está *aquém* do lapso, que, para se formar, já implica a inscrição psíquica da bateria significante da linguagem. Então, um termo pode vir substituir outro. Ora, isso mesmo, a posição do simbólico, está nessa criança em questão. Daí a dificuldade, para o analista, de abordar esse sintoma.

Pelo menos a elaboração presente permite um melhor balizamento de sua natureza. Trata-se de um defeito, às vezes grave, no "aprendizado", na aquisição do simbólico em sua materialidade, a da letra e da escrita. Os mecanismos precedentemente descritos, aqueles pelos quais o descontínuo emerge do contínuo, efetuaram-se mal e faixas de contínuo existem ali onde um intervalo deveria ter se formado. Assim, a pura diferença entre duas letras de grafia vizinha não é percebida. O contexto de significação pode remediar esse defeito, o que é permitido pelo "método global". Mas, isolada, a letra, como puro símbolo sem significado, torna-se dificilmente decifrável. O disléxico não comeu inteiramente – ou nem um pouco, nos casos extremos – o Livro.

Essa concepção estrutural, brevemente exposta na esperança de que os praticantes interessados a guardem para uma elaboração mais aprofundada, completa-se com uma segunda, mais concreta: o malogro na aquisição da letra resulta da relação particular do disléxico com seu pai.

Antes de defini-la, e para evitar os mal-entendidos, é preciso lembrar que a posição do pai sempre é insustentável. Freud não cessou de repetir isso indefinidamente, ele, para quem o pai ideal era o pai morto. A dificuldade de ocupar esse lugar, em nosso mundo desestruturado pela ciência, que faz voar em pedaços as próteses milenares, tornou-se extrema. O pai do disléxico, este, atinge o limite da épura, até mesmo, no caso de Wolfson, no qual essa dislexia anuncia uma psicose, dela sai.

Teorias que situam a patogenia do lado das mães floresceram nestes últimos anos. Quantos estudos e especulações sobre as mães de esquizofrênicos, anoréxicos, etc! Seja qual for seu interesse, eles não alcançam o essencial do pensamento freudiano e lacaniano: a patogenia sempre está, em última instância, do lado do pai que fugiu de sua tarefa. As mães, estas, fazem o que podem e com certeza às vezes complicam, tornam difícil a ação do pai; a responsabilidade deste último permanece inteira. A patogenia materna, freqüentemente incriminada, revela-se, num exame atento, induzida, secundária a uma vertiginosa carência do pai. A tipologia das mães conforme um quadro nosográfico deveria ser substituída – se esse gênero de exercício tivesse a sua utilidade! – por uma tipologia paterna. A personalidade do pai do disléxico seria fácil de identificar.

Trata-se de um pai ausente, ausência *materializada*. Ao oposto do pai do neurótico, qualificado de carente, cujos esforços desordenados, às vezes o autoritarismo, mascaram mal a freqüência inconsistente e a incoerência dos princípios, esgotando-se numa tarefa que ele faz mal, mas faz. Diferente também do pai do psicótico, em geral presente, até mesmo onipresente, mas de vertiginosa ineficácia simbólica. O pai do disléxico, este, simplesmente não está presente.

Em nossos inícios profissionais, quando uma criança disléxica acompanhada da mãe vinha para consulta, pedíamos sistematicamente para encontrar o pai. Em várias dezenas de casos, houve *apenas* recusas polidas: "ele" estava muito cansado de noite ao voltar do trabalho, "ele" não tinha tempo e preferia, se o convite se tornasse imperativo, que seu rebento parasse o tratamento. Em suma, "ele" não entrava no jogo.

As explicações das mães, muito homogêneas apesar da variedade dos casos, delimitavam sempre a mesma silhueta e o mesmo roteiro: o pai desejava, ao voltar de noite, ver os filhos já deitados. Uma mulher resumiu assim a questão: "Sabe, meu marido faz parte dos pais demissionários".

Assim, o encontro necessário do pai e do filho não podia *materialmente* acontecer. Desprezo aqui sutis mal-entendidos neuróticos e incompreensões! No ponto mais extremo, quando o pai volta para casa os filhos dormem e amanhã, no momento de ir para a escola, eles não deverão acordar o genitor esgotado por um esforço que ele nunca começou.

O tratamento de uma jovem mulher, A., revelou o mesmo dado. Ela tinha cinco anos de idade quando seu pai um dia desapareceu. Por que era preciso, além de tudo, que esse pai de quatro filhos não deixasse nem enviasse uma carta de ruptura ou explicações, não assinalasse nunca a sua presença em algum ponto do planeta? Tanto que, quinze anos mais tarde, nossa paciente continuava ignorando com o mesmo desespero se seu pai estava morto ou vivo e em que lugar ele havia vivido. Pouco depois de sua partida, ela fez uma severa dislexia, tratada por uma longa reeducação fonoaudiológica.

Essa dislexia dará lugar, posteriormente, a angustiantes acessos de bulimia que, sem atingir os extremos wolfsonianos, a perturbam gravemente. Toda a história familiar estranhamente traz essa oralidade como um estigma, no caso, psicossomático: o pai desaparecido e o irmão de A. são gravemente diabéticos.

A. interrompeu sua análise após alguns meses, não suportando, dizia ela, os acessos de desespero em que cada sessão a mergulhava.

Deduzir dessas observações fragmentares uma conduta terapêutica em relação ao flagelo escolar que é hoje a dislexia parece imprudente. Esclarecer sua verdadeira dimensão, ligada à estrutura familiar moderna, em que o enfraquecimento da autoridade e do prestígio paterno caminha junto com o do Livro, isto em proveito da hipertrofia imaginária veiculada pela mídia audiovisual, já parece uma aquisição de valor.

4

O medicamento e a psicossomática

Talvez seja esta uma das perspectivas inesperadas abertas por nossa tese. Se o homem come escrita e persevera nesse ato, é, que não se duvide, porque ele disso tira benefício, particularmente para a sua saúde. Tocamos, assim, num mesmo movimento, na teoria – mais, ou menos inexistente – de uma psicologia dos medicamentos bem como na psicossomática.

O princípio da psicologia do medicamento enuncia-se facilmente: o nome do medicamento desempenha um papel, que pode ser decisivo, no sucesso terapêutico deste. No ato de engolir um comprimido, que traz um nome, o doente engole a escrita desse nome, da mesma forma que o judeu no *seder* de *Roch Hachana*.

Acrescentemos que os chineses conhecem isso desde sempre, já que o ideograma *yào*, que designa o medicamento, decompõe-se nesses subcaracteres: comer – papel – língua.

A importância do nome do medicamento enquanto tal não escapa a nenhum médico e se confirma em experiências cotidianas, tanto em medicina geral quanto, com relevo particular, em psiquiatria. Citemos o caso de um psicótico que recusava energicamente, "porque lhe faziam mal", seus comprimidos de Danetol[1], mas aceitava qualquer outro medicamento da mesma família. Durante uma entrevista, ele acaba por confiar: "Sinto-me *danado* o bastante assim para não engolir também esse *danecoisa*".

---

[1] Deformamos os nomes verdadeiros desses medicamentos bem conhecidos.

Outra doente tinha queda pelo *Marinoctyl*, que devia, segundo ela, favorecer seu casamento: "Noite de núpcias", lia ela. Tais exemplos podem ser multiplicados.

Mais uma vez, o que o psicótico formula cruamente está em segundo plano, inconscientemente, em toda relação de um sujeito com o medicamento, cuja absorção oral foi, durante séculos, a via do tomar exclusiva.

Os exemplos precedentes têm voluntariamente um caráter maciço. O vínculo com o nome do medicamento, seu efeito de sugestão, em geral é muito mais sutil e personalizado, preso a um grupo de letras, a uma cifra, à maneira talvez como Wolfson realiza as suas traduções.

Os publicitários perceberam o fenômeno há muito tempo. Não se lança mais um novo medicamento – exceto se se tratar de uma molécula realmente eficaz e nova – sem se preocupar com o nome do produto.

Para além da farmacopéia, muitos produtos alimentícios, guloseimas usam desse artifício.

Jean Guir pensa que doenças psicossomáticas poderiam ser desencadeadas pela absorção de um significante ligado a acontecimentos traumáticos da história familiar do sujeito. Ao inverso, ao dar placebos fantasiados com nomes especificamente compostos segundo essa história, ele teria obtido o desaparecimento de certas lesões cutâneas[2]. Tocamos aí, com grande prudência, num real que os marabutos senegaleses e os médicos tradicionais manipulam há luas.

Durante séculos, a medicina talvez não tenha feito outra coisa que administrar significante a ser engolido, que ela cuidava de formular em latim, envolvido de mistério e religião.

A medicina científica acredita poder reduzir essa ordem de efeitos sugestivos. Paradoxalmente, ela exacerbou a demanda nesse sentido sob a rubrica das medicinas "leves": fitoterapia, homeopatia, etc.

Arriscando provocar polêmicas, atribuímos os efeitos desta última à riqueza significante considerável – com latim e cifras cabalísticas, além disso – que ela manipula.

---

[2] Jean Guir, *Psychosomatique et Câncer*, Paris, Point Hors Ligne, 1983.

Esses fenômenos semimágicos, semidivertidos ilustram – bem parcialmente –, em todo caso, o lugar ocupado pelo Livro nas doenças psicossomáticas, doenças reais em geral graves, em que os fatores psíquicos, por exemplo a perda de um ser caro, desempenham um papel em seu desencadeamento sobredeterminado.

5

O alcoolista

O alcoolismo aparece como a estrutura clínica mais rica, mais favorável para explorar a relação do ser humano com a escrita. Sabe-se o lugar eminente que os alcoolistas ocupam na literatura, a melhor, aquela que merece a maiúscula do Livro?

Os desenvolvimentos teóricos precedentes devem muito ao exame dessa questão e será preciso brevemente situá-los de novo.

Uma palavra prévia de metodologia. O estudo seguinte repousa exclusivamente em duas grandes obras literárias.

Uma outra via, mais habitual, poderia ter sido tentada, a psicobiográfica, impropriamente chamada às vezes psicanalítica, buscando nos acontecimentos de uma vida os determinantes de uma obra. Método que, no caso, não deixa de ter interesse: assim ficaríamos sabendo que Fitzgerald não bebia quando redigia um de seus grandes romances.

Porém é preciso saber recusar as tentações dessa via. Ela não tem a fecundidade que se imagina e os argumentos que produz permanecem discutíveis.

Mais difícil, mas mais promissora, revela-se esta outra abordagem: a análise intrínseca da própria obra escrita. É a ela que um escritor verdadeiro confia suas questões insolúveis, seus furos no real, sua verdade. Talvez selados com múltiplos selos. Mas eles só podem aguçar a sagacidade do decifrador.

Então, diante de uma obra, este tem algumas chances de edificar outra, de algum valor, em vez de uma vaga investigação às vezes malsã.

A hipótese desse trabalho é a seguinte: o sofrimento que conduz um sujeito ao álcool deriva de sua relação com o sexo feminino, das questões insuperáveis que este lhe coloca, em primeiro lugar a de ser pai.

Precisemos, enfim, o que é preciso entender por essa função paterna, descoberta por Freud. A ternariedade introduzida por Lacan sob as categorias do Real, do Simbólico e do Imaginário permite entender melhor suas articulações.

A função de um pai é, com efeito, tripla. Em seus primeiros passos, a psicanálise colocou o acento na grande novidade, a barragem ao desejo incestuoso que ele instaura. Essa disjunção da mãe e de seu produto funda a ordem simbólica, reguladora das alianças[1] .

Depois, Freud descobriu um segundo plano, não desprovido de conexões com o precedente, no entanto isolável. O do narcisismo e de suas conseqüências: a rivalidade mortífera com o irmão, ou seja, a dimensão lacaniana do Imaginário. A fala do pai deve aqui ainda ressoar em eco ao formidável mandamento do Sinai: *Não matarás!*

A esses dois registros, hoje familiares, acrescenta-se um terceiro, talvez o mais essencial. O do Real, definido como impossível, e primeiramente impossível de dizer. O rastro escriturário está consignado no célebre diálogo de Moisés e da Sarça Ardente. À questão do Nome, Deus responde "Serei quem serei", significando assim que há indizível, impossível cuja função ele assegura.

A carência de um pai ressoa forçosamente nesses três planos, toda a clínica o atesta, tal aspecto ou tal outro podendo prevalecer. A trilogia das psicoses, paranóia, esquizofrenia, mania, a isso se liga com certeza.

A todas as problemáticas do Todo, aos sentimentos oceânicos como às aspirações cósmicas, a todos os palácios das miragens de que o nosso tempo parece de novo tornar-se estranhamente apreciador, o pai é aquele que diz não. Como o sujeito tornado Pai poderia enunciar essa fala, senão como escroque, se ele mesmo não chega às renúncias que ela implica?

Procriar, diz-se, é aceitar a morte, o caráter transitório da existência. Mas também aceitar o intervalo, por mais curto que seja, de sua própria

---

[1] C. Lévi-Strauss, *Structures élémentaires de la parenté*, *op. cit.*

vida. Fazer pacto com a vida e aceitar a morte nada tem, apesar da aparência, de contraditório.

O alcoolista não aceita nem uma, nem outra, nem, por conseguinte, a disjunção delas. Ele se precipita nessa morte que o aterroriza mais que com razão.

O desejo do Outro, da mulher, ao qual ele deve responder intermediando-o, é para ele um abismo vertiginoso. Como para o psicótico? Não totalmente.

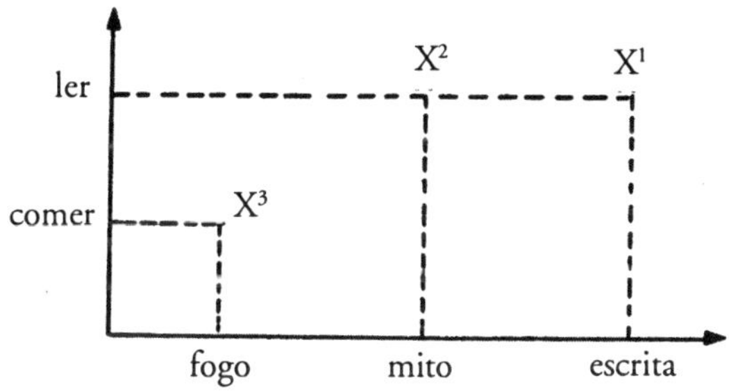

esquema nº 12

No espaço clínico definido no fim da segunda parte, a posição X^1 (*livro x escrita*) representa o ponto ideal, que talvez ninguém jamais atinja a não ser assintoticamente, o de sujeito desejante.

Lá não chegando, o alcoolista "regressa", como um exército desbaratado, para posições mais fáceis de defender. Para o ponto X^2, aquele em que se compraz o neurótico em seu mito individual? Nisso se esforça por um tempo, fazendo até proliferar mitos e fabulações. Mas seu ponto de equilíbrio está em X^3 (*comer x fogo*). Em vez de comer ou ler o Livro, acesso à paternidade, ele só pode incorporar sua forma primitiva, o fogo, esse fogo ardente que o álcool lhe traz[2].

Também pode acontecer quando se resolve desalojar o alcoolista desse lugar. Uma mulher, por exemplo. Ele emite então o voto, quão frágil, de

[2] Seria preciso evocar também o tabagismo, com tanta freqüência associado. Essa análise converge com a do Midrach sobre o casal: homem + mulher (*Ich* + *Icha*). Se retirarmos desses nomes as letras do nome divino (o Pai), resta apenas *Ech*, "fogo".

deixar sua intoxicação e de advir à paternidade em sua relação com essa mulher. Mas que via ocasional permite ter acesso a uma posição para ele insustentável? Precisamente nosso remendo, o Livro.

Se *criança* tem por equivalente *livro*, escrever, fazer um livro torna-se uma aclimatação, uma propedêutica à paternidade, uma forma particular de *couvade*. Um imperioso desejo de escrever – *prurit calami*, diz-se – desencadeia-se em certos sujeitos que se aproximam desse momento crucial, particularmente quando a adolescência entra na idade adulta.

O alcoolista, efetivo mas também potencial, é assim particularmente designado para escrever, interpondo suas criações no estreito espaço que o separa do abismo.

Essa análise repousa na leitura de um grande romance, *Abaixo do vulcão*, de Malcolm Lowry[3].

Lowry era alcoolista, ele mesmo o confessava, e sua grande obra retraça o drama de um alcoolista, o Cônsul. Assim, a seu respeito podemos escolher entre a psicobiografia e o estudo de seu livro, até mesmo misturar os dois. A vantagem de se limitar ao mero exame dos textos parece evidente tanto a riqueza deles prevalece em relação aos elementos biográficos que podemos colher.

O *Vulcão*, como um drama clássico, conta *um* dia de um personagem, o Cônsul, que atinge os limites extremos do alcoolismo: seu último dia. Nesse breve intervalo de tempo, os elementos de sua existência assumem seu lugar definitivo.

Todo destino verdadeiro se efetua no encontro de uma mulher, e o Cônsul, a esse respeito, não perde o seu. Cabe a essa parceira revelar o nó do drama.

O Cônsul não consegue reconhecer como tal sua esposa Yvonne, por quem morre de paixão, nem consegue lhe dar o filho que ela deseja, nem, ao inverso, separar-se dela. Tudo parece preso nesse entre-dois. A mulher acredita anulá-lo num desvio adulterino.

---

[3] A leitura da obra, para aqueles que já não o fizeram, aqui se impõe.

Não há relação sexual, martelava Lacan, a saber, nenhuma conjunção, nenhuma espécie de um mínimo denominador comum existe entre os dois sexos, e o coito não passa de um engodo, em seu gozo mesmo, que mascara essa disjunção radical e trágica. O casal formado pelo Cônsul e Yvonne verifica esse impossível. Casal patológico? Com certeza, mas a patologia dos dois não resulta da impossibilidade de sua relação, mas de sua inaptidão em suportar esse universal.

Lowry ilustra as questões cruciais de seu livro, duplicando-as de referências ao mundo mineral. Como o relato se desenrola no México, as silhuetas de dois vulcões majestosos recortam-se na paisagem: o Popocatepetl e o Ixtaccihuatl que, na mitologia indígena, formam um casal de esposos irremediavelmente separados por uma falha e, no entanto, infinitamente próximos. Cada um aspira e chora não poder juntar-se ao outro.

Ora, Lowry busca essa simbólica numa fonte que sustenta, segundo suas próprias palavras, toda a sua construção literária: a Cabala. O próprio Lacan não dizia que era preciso ler a Cabala para entender essa lei da ausência de relação sexual? Com efeito, o tema *princeps* dos textos esotéricos judeus é essa problemática sexualidade humana, marcada por um defeito estrutural.

Por que o Cônsul não consegue suportar essa sorte comum? Numa breve passagem, Lowry descreve o relato da infância do herói – infância, momento sempre exemplar, menos por seu determinismo na patologia que pela clareza das relações de um sujeito com sua estrutura e seus genitores que se manifesta. A relação do Cônsul com seu pai foi, precisamente, inconsistente. Apesar da elipse do texto, percebemos todo o "peso" dessa inconsistência, diferente da carência do pai do neurótico, antes próxima da ausência notada no disléxico, estrutura afim do alcoolista.

Essa inconsistência paterna não provoca seus exclusivos estragos no plano das relações intersexuais, mas também nos dois outros precedentemente descritos.

Se a inconsistência do pai torna aguda a questão do incesto, paralisando o herói em seu amor, ela também desencadeia a da rivalidade fraterna mortífera.

Oficial de marinha, o Cônsul teria, em sua juventude e durante a Primeira Guerra Mundial, executado e jogado na caldeira de seu barco um grupo de prisioneiros alemães.

Yvonne vai ligar os dois planos da relação com a mulher e o irmão. O Cônsul efetivamente tem um irmão, Hugh, que se apaixona pela cunhada. Lowry evitará fazer dele o amante, papel representado por um personagem apagado do romance, Laruelle. Entretanto, Hugh ocupa potencialmente esse lugar, tendo o autor duplicado – mecanismo fundamental nesse registro imaginário – um mesmo papel.

O erro de Yvonne assume uma gravidade excepcional, ela joga o Cônsul no alcoolismo, naquela regressão oral em que a boca do sujeito, numa sede-fome sem limites, torna-se como que a imagem em espelho daquela, angustiante, do Outro, prestes a engoli-lo.

Esse Outro, lugar do Simbólico onde, para o Cônsul, o pai não veio fixar seu limite, Lowry lhe deu um corpo, o da natureza. Como a figura dos dois vulcões representa o arquétipo do casal, a boca do Outro materializa-se pela presença constante de uma ravina vertiginosa, um esgoto, a *barranca*, que de fato no final acabará por engolir o corpo do Cônsul não inteiramente morto, como ela engole simultaneamente um cão defunto, como parece prestes a tudo engolir. Esse desencadeamento do Imaginário, produtor de angústia, o Cônsul só o suporta através do álcool.

Resta o plano do Real, o do impossível de dizer, cujo malogro produz o delírio etílico, o discurso louco que causará a morte do Cônsul, tomado como espião por um grupo de soldados e liquidado na *barranca*, onde o nó do destino se fecha.

Mas, antes desse fim ignóbil, o herói se debateu, buscou uma saída. Precisamente a do Livro.

Na longa carta explicativa a seu editor, carta que serve de prefácio ao romance, Lowry sustenta que seu texto mergulha raízes profundas na Cabala judia, a qual "representa a aspiração espiritual do homem", e que seu plano inspira-se no Zohar, o que seria dificilmente percebido sem essa confissão, mesmo por um leitor prevenido e atento.

Essa sutil referência sublinha, em todo caso, a estreita esperança que por um tempo fura o livro: se o Cônsul pudesse escrever um livro! Não uma obra qualquer, mas um livro absoluto, o Livro, em suma, que seria a quinta-essência da Cabala.

Incontestavelmente, o herói percebe o lugar de sua carência e quer, como Joyce, remediá-la, produzindo ele mesmo a peça faltante. Curiosamente, Yvonne, a esposa, essa mulher tão prática, manifestamente pouco dotada para as especulações esotéricas, apóia essa idéia, percebe, em sua intuição de mulher, a verdade dela.

Mas a tentativa fracassa, sequer começa, como que marcada por uma inibição absoluta. O herói apresenta uma espécie de buraco hemorrágico largo demais para ser suturado e evitar a tragédia.

***

Essa análise do *Vulcão* levanta, já por sua rapidez, muitas objeções. O romance, dirão, guarda poucos indícios sobre o vínculo entre o álcool e o Livro, ainda que a função, a esperança que o projeto de escrever representa para o herói sejam reais.

O vínculo com o álcool é, evidentemente, nossa interpretação, legítima afinal. Contanto que haja uma prova.

Fornecê-la num nível acima do processo, o defeito de incorporação do Livro, é quase impossível. Mas, num nível inferior – isto é, mostrar que o Cônsul poderia ter se curado se efetivamente tivesse escrito seu livro dos livros –, tal tentativa não seria também desesperada?

Ela o seria se outro grande poeta não nos fornecesse, numa de suas melhores peças, essa prova ao mesmo tempo que a contraprova: Ibsen, que, em seu drama *Hedda Gabler*, completa a questão levantada pelo *Vulcão.*

Ibsen certamente deveria ocupar um lugar especial nas leituras de todo analista. Assim pensava Freud, seu contemporâneo, que o colocava quase no nível de Sófocles e de Shakespeare. Ele mesmo escreveu comentários penetrantes do *Pato selvagem* e de *Rosmersholm*, sublinhando a fineza e o rigor psicológicos extremos do poeta.

É um erro muito comum ver em Ibsen apenas um crítico dos modos sociais e da pudicícia do tempo. Seu verdadeiro alcance se deve à acuidade de seu olhar em relação ao inconsciente.

Hedda Gabler põe em jogo mais ou menos todos os pontos nodais que nos retêm: o álcool, o parto, o livro. A estrutura é relativamente simples, a de uma quadrilha de dois homens e duas mulheres, sempre em espelho.

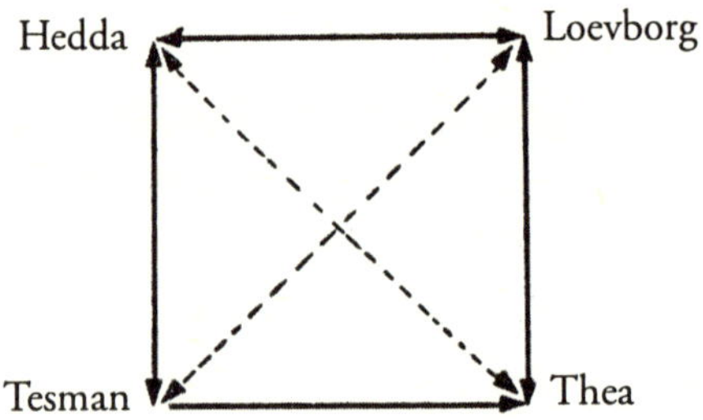

esquema nº 13

A esses quatro personagens acrescentam-se alguns outros, secundários por sua presença em cena, mas cuja função é importante, a de figuras parentais pervertidas e duplicadas: um juiz sedutor, um pai general morto, uma prostituta, uma tia invasora.

Esse pequeno mundo, como no carrossel, gira em círculos, inevitavelmente em torno de um pivô: a questão fálica, questão tão conflituosa para Hedda, a heroína, que esse falo é substituído por um objeto mortal, cujo papel na peça é essencial: o revólver do pai.

Loevborg, portanto, principal personagem masculino, intelectual brilhante, é alcoolista. Esse alcoolismo foi desencadeado pela relação amorosa casta, e no entanto perturbada, que ele manteve com Hedda no passado. No dia em que buscou aumentar suas vantagens, ela lhe deu um tiro com o famoso revólver – que não o acertou. Ele vai, então, decair no álcool e deixar a cidade.

Hedda casa-se com um universitário estúpido, Tesman, dedicado a uma erudição irrisória. Ele deve em breve publicar um livro.

A peça abre-se assim: Hedda e Tesman voltam de uma longa viagem de núpcias. De imediato, sob uma aparente banalidade, as questões fundamentais são colocadas, questões que poderíamos assim resumir: o que é um pai? O que é uma mulher e seu desejo?

Tesman manifesta uma total surdez a essas questões. A derrisão do livro que ele prepara está em simetria com a de sua paternidade. Assim quando sua tia Julie interroga a respeito do domicílio que encontrou para eles:

> "– O que você acha da casa?
> – Um verdadeiro palácio. *Só há uma coisa que eu não entendo*: o que vamos fazer com as duas peças vazias que ficam entre a peça do fundo e nosso quarto?
> – Vocês vão acabar achando uma função para elas – retoma a tia com um riso entendido –, ... com o tempo.
> – É, naturalmente, com o tempo terei cada vez mais livros...".

A boboquice de Tesman é ainda mais perturbadora porquanto sua esposa, como vamos logo ficar sabendo, já está grávida.

O equívoco e a equivalência *livro* ~ *criança* de imediato estão ali.

O drama se faz com a volta de Loevborg, acompanhado de um lisonjeiro rumor: ele precisamente escreveu um livro que todos disputam. Além disso, *Loevborg está curado de seu alcoolismo*. (Não é uma prova de que a esperança do Cônsul tinha bem sua verdade psicológica?)

Mas Ibsen nos fornece bem mais que esse elemento parcelar. Ele interroga o processo até a sua raiz. Que milagre pôde provocar essa metamorfose? Só pode ser uma mulher, bem nomeada: *Thea*. Deus sempre intervém na vida dos homens por esse viés do feminino, foi uma das últimas falas de Jacques Lacan.

Thea entra em cena antes de Loevborg, ela ignora tudo de suas relações passadas com Hedda. Entre as duas rivais de sempre – elas se conheceram na infância – inicia-se um diálogo aparentemente anódino, no qual Hedda, no entanto, comete um fabuloso lapso:

> "– E eu vou te tratar por tu e te chamar *Thora*, minha cara *Thora*.
> – Mas meu prenome é Thea!
> – Naturalmente, Thea".

Que estranha intenção – e que arte! – fez ser aqui colocada por Ibsen essa Thora, o próprio Livro?

Hedda quer penetrar no segredo do desmame de Loevborg:

> "– Dize-me, Thea, como nasceu essa... amizade?
> – Pouco a pouco... Era como se eu exercesse sobre ele uma espécie... sim, uma espécie de poder...
> – Pronto, e fizeste dele um homem novo, tu, pequena Thea!".
> [Thea, que entrega a chave do mecanismo:]
> "– Ele me falava longamente dos livros... Ao terminar um capítulo [do livro em gestação], ele mo ditava".

Escrever um livro para uma mulher amada, nessa relação com Deus lembrada por Thea, curou por uma estranha *couvade* o alcoolista, permitindo-lhe ser pai, de uma maneira ainda imaginária, ainda frágil.

A entrada em cena de Loevborg confirma essa fragilidade, essa indignidade paterna latente.

Todos os personagens estão reunidos e a discussão se refere ao livro de sucesso de Loevborg. Aos cumprimentos que recebe, ele responde com desprezo para com seu "rebento". Joga-o no chão, renega-o. Esse livro não tem importância alguma para ele, é apenas o esboço da verdadeira obra, do livro dos livros, cujo manuscrito ele mostra. A escrita é a de Thea, para quem ele a ditou.

"Meu verdadeiro livro" – declara – "é escrito pela mão de uma mulher. *Eu pus a semente, ela o fabricou*".

A equivalência *livro* $\sim$ *criança* retorna, torna-se precisa.

Com ciúmes, Hedda decide interiormente destruir esse belo edifício, ela não crê na recente sobriedade de Loevborg, provoca-o. Como boa histérica, monta uma cabala.

Podemos perguntar quais seriam as suas razões. Certas expressões deixam adivinhar sua fantasia fundamental: ela é uma sacerdotisa dessas cruéis religiões maternas antigas, de Baco, ela sonha com uma bacanal cujo sacrificado seria Loevborg.

> "– Como a noitada terminou? – pergunta ela.
> – Acho que se poderia dizer... por uma bacanal.
> – Loevborg usava uma coroa de folhas de vinha?".

Ela também é, oposta a Eve-Thea, Lilith, esposa de Lúcifer, a aborteira, a infanticida.

Ela intima Loevborg a ir a uma bebedeira em que, "coberto de folhas de vinha", ele declamará seu texto.

O espaço psíquico parece clivado em duas regiões entre as quais o herói oscila, a do Livro e do pai, a do álcool e da mãe, cada uma sustentada por uma sacerdotisa.

Loevborg está doravante no espaço II, onde o Livro não tem lugar.

De fato, essa obra, "extraordinária, uma das obras mais notáveis que jamais se escreveu", afirma Tesman, deixa-o perdido. Loevborg renegou o primeiro livro, o segundo ele deixou cair. Tesman o recolheu e entregou a Hedda, que o esconde.

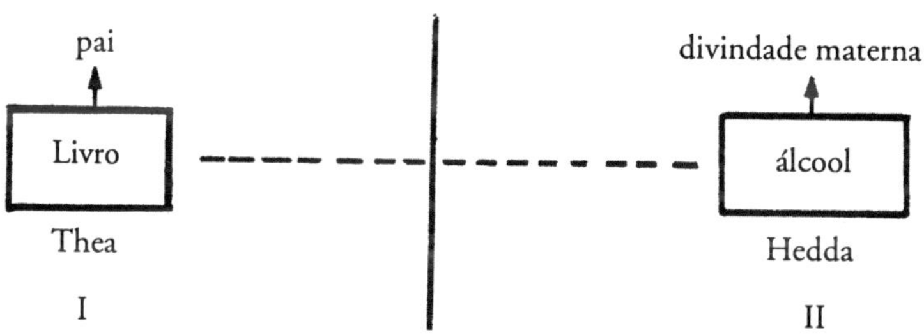

esquema nº 14

O desespero atinge Thea primeiro, que então explicita a trama simbólica da ação:

> "– Esse livro que rejeitaste, que afogaste... toda a minha vida estava dentro. Para mim, era... um filho...
> – Tens razão [reconhece Loevborg], é como se eu tivesse matado uma criança".

Hedda levanta-se contra essas "elucubrações": "Chega de falar de criança, trata-se de um livro!". Mas, pouco depois, só, ela retoma a equivalência por sua conta; *ela queima o manuscrito*, quase alucinada: "Estou queimando o teu filho, Thea, o filho que Ejlert te havia dado, eu o estou queimando! Estou queimando teu filho".

Antes ela leva Loevborg ao suicídio, entregando-lhe um dos dois revólveres paternos. Ela lhe recomenda que vise o coração. Mas Loevborg mata-se com uma bala no baixo-ventre, numa castração real, ele, para quem essa simbólica não fora claramente inscrita.

No entanto, a cabala de Hedda aborta: Thea conservara um rascunho. Graças a Tesman, o esposo de Hedda, o livro poderá ser reconstituído. Quanto a ela, grávida, daqui por diante está nas garras do juiz-sedutor. Ela também se mata.

Assim, Ibsen, graças a esse personagem de Hedda, nos fornece numa ida-e-volta notável, de um lado, uma cura de alcoolismo pelo Livro, cura frágil, reparação profética reversível, por outro lado, a recaída quando o livro desaparece.

Uma cicatrização mais bem assegurada do mal necessitaria com certeza uma providência complementar, num nível acima, em que o sujeito resolveria, tanto quanto possível, a questão de sua própria filiação.

Conclusão

A volta a Freud, o interesse por sua obra implicam uma certa volta ao judaísmo, a suas grandes obras? E por que essa hipótese deveria causar confusão, provocar o silêncio constrangido dos clérigos em vez do julgamento com peças de apoio?

Seremos censurados por querer rejudaizar a psicanálise? O risco é pequeno por razões de estrutura. O judaísmo manifestou na história humana, ao oposto de qualquer outro sistema cultural, uma propensão *centrífuga* única, inspirando sem descanso e com discrição, criando por desprendimento de seus ramos novas doutrinas, religiões filhas, invenções. Que espaço de cultura não tirou proveito dessa centrifugação incessante, desse desmembramento de um corpo que a cada etapa parece esgotar-se em sua nova criatura e, no entanto, aparentemente exangue, volta a partir rumo a novos achados?

E de que volta pode se tratar para nós, sujeitos que renunciaram ao postulado da Revelação?

Essa renúncia não suprime o imenso tesouro que, para um psicanalista em todo caso, jaz nos fólios amarelados desses grandes textos: a lógica do significante é incentivada à sua perfeição, a relação do sujeito com o objeto, colocado como fundamentalmente perdido, explorada com uma pertinência profunda, as condições e aporias de todo pensamento prático, de toda ética, magistralmente definidas.

Neste livro, contentamo-nos em interrogar uma única questão, particularmente ácida: os ritos alimentares.

Uma chave de leitura apareceu como universal, podendo em outra parte se aplicar a outros ritos, aqueles que regram o espaço e o tempo: todo rito visa criar descontínuo a partir de um *continuum*, aplicar a grade do simbólico, da linguagem, ao Imaginário dos homens e ao Real das coisas.

O exame dos ritos alimentares faz com que se evidencie uma atividade inconsciente e fundamental: o ser humano come palavras, materializadas em escrita, organizadas em Livro.

Comendo o Livro, onde se depositou o murmúrio dos desejos das gerações precedentes que nos determinam simbolicamente, o sujeito se identifica com o grupo que o viu nascer, grupo fundamentalmente estruturado pela religião. Ao mesmo tempo se opera nele o advento enigmático da procriação: o ser-pai masculino, o desejo feminino.

Assim, todo homem, caso não seja totalmente louco, identifica-se necessariamente com um grupo que lhe fornece, com a sua língua, as categorias para pensar e edificar o quadro de sua fantasia. Fato trivial e estranho que condiciona os outros: os indivíduos reúnem-se em comunidades, partilham o sentimento de possuir sabe-se lá que éter comum. Por um tempo normal, a coisa é tão natural que essa relação fundamental passa despercebida. Mas, assim que a tempestade se levante, o vínculo se torna imperioso, parece justificar a colocação de sua vida em perigo.

Por que era preciso esperar o nosso século, e nomeadamente Freud, para que essa questão do grupo e do jogo das identificações que o estrutura fosse colocada?

Deve-se admitir que só há questão do que não funciona e faz sintoma. E, sem dúvida alguma, a relação do indivíduo com o grupo tornou-se a mais problemática possível. Mistura de povos, globalização da economia e das culturas abalaram profundamente, até desestruturaram os sistemas humanos, dilacerando até sua trama o tecido social. Nosso tempo, o único de que dispomos e devemos viver, impregna-se ao mesmo tempo de relentos irrespiráveis.

Por sua reflexão sobre o narcisismo e o grupo, a psicanálise, para além de sua prática marcada de intimidade, manteve desde seus primeiros passos um diálogo com o conjunto da cultura e da cidade.

A causa dessas reviravoltas? Para além das peripécias e dos conflitos ideológicos eternos, a brusca radicalização dessas reviravoltas está ligada à irrupção, na história dos homens, do discurso da ciência, à sua hegemonia sempre mais assegurada sobre a economia, que faz voar em pedaços as estruturas culturais mais bem estabelecidas.

Só fazemos aqui retomar uma tese fundamental de Lacan: somos sujeitos da ciência e disso resulta um mal-estar de estilo novo e extremo, cujos malefícios a psicanálise busca apagar.

Curiosa trajetória! Nascido sob o signo das Luzes, o discurso científico contradiz, por seus efeitos, as esperanças dos pioneiros. Ao credo de universalidade que ele ostenta opõem-se fenômenos de concentração e de segregação humana inauditos, ligados ao modo de produção e que preparam o advento do totalitarismo. Por que estranha maldição? A do ato que o institui.

O produto da operação científica sobre todo homem, e primeiramente sobre os sábios, é uma *dessubjetivação*: a ciência remete cada um, na angústia depressiva, à sua verdade última, a de um montinho de carne, dejeto entre outros.

Diante de tal ameaça de anulação, a subjetividade se revolta, convulsivamente, revolta subjetiva de aspecto sedutor e, no entanto, em sua cegueira, portadora de barbárie. Revolta que costuma congelar em seu ponto de nascimento no indivíduo, decidido a manifestar sua existência, deixar sua marca, por exemplo ao escolher o desvio. Mas a lógica do conflito leva além.

O grupo, apesar dos entraves que impõe, rápido surge como o melhor escudo contra a subjetividade de seus membros. Ei-lo recriado, exaltado sobre suas próprias cinzas.

A abundância dos movimentos, das seitas de ideologias coloridas, das capelas inscreve-se nessa linha, portadora da estranha fascinação suicida acarretada por toda exaltação narcísica. Essa busca desordenada de "identidades" enfraquecidas claramente sublinhou, com a evidência das caricaturas, a função do Livro na estruturação dos grupos. Não há um que não tenha seu manifesto, seu livro canônico: que lembremos aquelas massas consideráveis brandindo um livrinho, vermelho aqui, verde ali! A conquista do poder, sua gestão, suas crises sempre encontram a instância estratégica do Livro.

Mas a revolta subjetiva doravante se engaja num terceiro tempo. Para esses exercícios de controle dos grupos e do Livro, ninguém tem melhor *know-how* que as velhas religiões. Ontem consideradas sem fôlego, um vigor novo parece de repente inflar suas velas. Pouco a pouco, mas cada vez mais rápido, as religiões retomam em mão – e em mão firme! – a coisa séria que os poderes leigos conduziram ao impasse: o gozo.

Esse retorno inesperado, em que a barbárie sabe encontrar a sua parte, significa que os grandes clérigos sabem melhor que ninguém canalizar as torrentes de subjetividade ferida.

A religião não é assunto de conjuntura ou de moda. Ela emerge na raiz do fato humano, desde que há seres que falam, e com certeza só vai desaparecer com o último; ela é o osso do inconsciente, o compromisso que mantém o apego à mãe obtemperando à Lei, o freio ao assassinato fratricida, a brasa que incuba sob a cinza. Ao chegar o vento das provas, ei-la flama ardente.

À homogeneização furiosa imposta pela ciência opõe-se, assim, a revolta subjetiva, com sua volta dos grupos e das religiões. Em que terreno? No único que conta nessas questões, o político, em que cada um se mede com o outro em busca do compromisso mais favorável para abordar um novo milênio. O Livro vai ter ainda a sua função?

Diante do desdobramento de tais forças, o lugar do psicanalista parece bem irrisório, precário, mas também precioso, único. A seu irmão humano, doente congenitalmente de sua humanidade, o homem da arte freudiana propõe seu recurso aos malefícios de um tempo em que se revela, à vista de todos, a pedra angular do edifício: a loucura.

Anexo
A transferência significante[1]

Os estudos freudianos, seja qual for a sua diversidade, costumam proceder da mesma iniciativa. Chamamo-la, num primeiro balizamento, conceitual. Privilegiamos um termo, "pulsão" por exemplo, depois o interrogamos: a respeito de suas fontes, de suas significações, de sua evolução no pensamento de Freud e entre seus alunos. Também poderíamos, portanto, chamar esse método "sincrônico", "vertical", ou ainda "temático".

O próprio Freud tomou essa via privilegiada quando empreendeu o projeto de sua *Metapsicologia*, projeto que, no entanto, abandonou. Lacan também parece preferi-lo em seu *Seminário XI: os quatro conceitos fundamentais da psicanálise*. Assim, a abordagem conceitual aparece como a mais séria, até mesmo como o ideal buscado.

Não viria à mente de ninguém negar o caráter necessário do método que responde ao elementar desejo de compreender. A difusão do pensamento freudiano – o mesmo não ocorre com o de Lacan – opera-se, aliás, essencialmente nesse canal temático. Nosso propósito não pode, portanto, recusar a abordagem conceitual, mas apenas lembrar os perigos, em todo caso os limites do método, mostrar também – em ato – que ele não é único, e ao mesmo tempo interrogar o próprio instrumento.

O método conceitual comporta efetivamente perigos, aqueles que resultam do privilégio concedido à significação, à imaginação, até mesmo à

[1] O argumento deste texto foi apresentado numa conferência na Universidade de Bruxelas – Instituto Martin-Buber, em novembro de 1981.

"idolificação" dos conceitos. Ele tende mais ou menos a absorver a heterogeneidade do texto freudiano, a reduzir a singularidade do discurso analítico aos universais preexistentes, essencialmente filosóficos. Ele sobretudo apresenta limites: a experiência rapidamente reduz a abertura, que acreditamos adquirida, ao sentimento desestimulante de que o objeto, aparentemente apreendido no conceito, se esquivou. A compreensão torna-se rapidamente o próprio obstáculo a seu progresso.

Mas a voga desse método não se estende muito além do campo analítico, chegando a dar seu estilo à conjuntura cultural que estamos atravessando? Estabeleçamos a hipótese de que o debate atual das idéias, debate temático (a religião, o racismo...), parece como que preocupado pela vontade aguda de desdobrar as metáforas, todas as metáforas, ideal apresentado como dessacralização. Nesse jogo, e à sua revelia, o pensamento encontra-se cada vez mais engajado, fascinado, até mesmo aglutinado às metamorfoses que temos a ilusão de achatar.

Se essa hipótese for verdadeira, a conjuntura cultural atual poderia ser balizada pelo acento que ela traz, de ser pensamento metafórico. Seu impasse provém desse prurido incurável de "metaforizar a metáfora" na vã esperança de atingir, enfim, uma metalinguagem que nos liberaria da própria linguagem.

Bem entendido, trata-se aí de posições extremas, nas quais toda abordagem conceitual não cai forçosamente, mas parece necessário situá-las na raiz de uma iniciativa que parece "natural".

Freud percebeu esses limites e perigos, como mostra o projeto abortado e nunca retomado de *Metapsicologia*, reduzido a três artigos, bem afastados, aliás, do que se poderia designar como "abordagem conceitual". Talvez só Lacan, cuja obra não se embaraça mais do que é preciso com a preocupação de desdobrar as definições, parece ter entendido o aviso tácito. Ele buscou antes trilhar outra via de leitura de Freud, em que o simbólico teria a prevalência, em que a significância predomina sobre a significação, em que, enfim, a topologia e os matemas constituiriam obstáculos à deriva das compreensões.

Pelo menos uma segunda via metodológica existe, portanto, ao lado daquela que prevalece: a dos matemas. Ninguém ignora que os matemas permanecem projeto, projeto problemático, já que as vias de seu desenvolvimento ainda estão por ser extraídas: poderemos ir além das notações algébricas de Lacan ou estas só pertencem a seu próprio estilo de ensino? Como obter a aliança estratégica da teoria psicanalítica e da lógica?

Proponho um desvio, uma outra via de leitura dos escritos de Freud, de aspecto simples, simplista até: em vez de um estudo sincrônico vertical dos conceitos, uma abordagem "horizontal", *uma leitura cronológica sistemática* – que não omitiria nenhum texto mesmo menor –, abordagem que visaria menos aprofundar o achado que interrogar o encaminhamento, o progresso do próprio pensamento, as conexões, as associações involuntárias que os diferentes textos realizam por si mesmos. O método assumiria seu estilo da regra de ouro da associação livre. Em vez de visitar os países abordados, o interesse seria a própria viagem, as vias pelas quais Freud pôde passar para dizer o que disse. Ou seja: como Freud questionava? Praticamente, trata-se de ler a *Standard Edition* – já que seu equivalente não existe ainda em alemão, sem mesmo evocar o francês. O método, que parece pesado, é imediatamente fecundo e fornece de imediato alguns resultados preciosos. Ele permite primeiramente lembrar que os diferentes conceitos freudianos são dificilmente isoláveis uns dos outros, que formam cadeia, borromeana com certeza. Ele estabelece uma cartografia clara da obra freudiana, com alguns altos cumes – na ordem cronológica: o sintoma neurótico; a amnésia infantil; os mecanismos significantes do sonho, do lapso e do chiste; a teoria das pulsões, etc. Mas cartografia que também revela sombras: quais são as passarelas que conduziram Freud de um maciço ao outro? Hoje concebemos facilmente como surgiu o primeiro elo da cadeia, a descoberta do inconsciente a partir do sintoma histérico. Mas não vemos imediatamente, ou então de maneira muito aproximativa, o que leva de *Anna O.* à *Interpretação dos sonhos*, depois à *Sexualidade infantil* ou a *Totem e tabu*. Freud não encontrou o caviar pronto sobre seu divã. O exame atento e global de sua obra mostra, assim, hiatos, falhas profundas, cujo modo de superação coloca questão.

Responder a isso não parece inacessível, pois uma leitura rigorosa revela o hábito de Freud de marcar essas passagens com pequenos textos, mas de grande alcance. Tratemos um exemplo concreto entre os mais importantes. Nos *Estudos sobre a histeria*, o sintoma se resolve graças à atualização de lembranças recalcadas decerto, mas lembranças que são contemporâneas da formação do sintoma. Nada, então, de determinações pela infância e ainda menos de amnésia infantil. O mecanismo produtor do sintoma é a amnésia histérica.

Alguns anos mais tarde, Freud vai abordar a questão da infância, da amnésia que a recobre e sublinhará a importância dela. Mas, insistamos, a passagem da amnésia histérica à amnésia infantil não é evidente. Há aí um *gap*.

Freud superou essa falha em 1899, num artigo célebre e fundamental *sobre as lembranças-telas* [lembranças encobridoras]. Como vai ele operar? Estabelecendo um paralelo ponto a ponto entre o sintoma histérico e a vida infantil.

A idéia de que os acontecimentos ocorridos na primeira infância de um sujeito eram muito importantes para seu devir não era, mesmo no século XIX, de uma revolucionária novidade: os educadores sempre o souberam e Freud começa por lembrar esse princípio, para a ele imediatamente juntar uma observação essencial. Se esses acontecimentos têm um tal alcance, como explicar que costumem ser esquecidos e que a memória só se estruture a partir de seis ou oito anos? O passo freudiano está ali, na colocação em evidência desse paradoxo... o mesmo que o que foi descoberto nas histéricas.

Mas o passo seguinte é bem mais perturbador: Freud emite a hipótese, rápido transformada em tese, de que o saber revelado na análise do sintoma histérico pode ser transposto, mais ou menos tal qual, para a psicologia da criança, aparentemente pela única razão de que, nos dois casos, encontramos o mesmo termo *amnésia*, a respeito de acontecimentos importantes.

Como chamar esse salto metodológico? Talvez ele evoque imediatamente *a analogia*, exceto que estamos diante de um uso particular da analogia, bem audacioso, chegando até a fundar um lado essencial da teoria. Sabemos a espécie de desprezo epistemologógico que uma longa tradição filosófica tem pelo uso da analogia, sobretudo levada a esse extremo. O próprio termo convém para designar essa operação fundadora e nossa língua não sofre aqui de uma lacuna significante?

O prosseguimento de nossa leitura "horizontal" revela outra surpresa importante: desde o instante em que o mecanismo analógico é situado, nós o encontramos maciço, essencial, em todos os momentos fecundos da obra.

Em duas oportunidades, pelo menos, a iniciativa é francamente confessada. Por um lado, em *Ações obsedantes e práticas religiosas*, em que Freud, a partir da mesma palavra *ritual*, tenta a transposição do saber adquirido sobre a neurose obsessiva ao âmbito religioso. Por outro lado, prolongando essa intuição, em *Totem e tabu*, em que Freud emparelhava psicanálise e antropologia numa luz mútua, isto pela razão dada nas primeiras linhas da obra: a fonte das neuroses se encontra na *infância*, os povos primitivos podem ser considerados a *infância* da humanidade. De novo, seja em campos diferentes como psicanálise e antropologia, ou apenas no campo da psicanálise, mas a respeito de questões *a priori* bem distintas, a existência de uma mesma palavra irresistivelmente incita Freud a repetir sua estranha operação analógica, sustentada, mas também mascarada pela observação clínica. À medida que a perspicácia do leitor se aguça, ele progressivamente descobre que ela se encontra, mais sutil, a cada passo, onipresente na obra e se revela, enfim, como um dos fundamentos, uma das instituições fundamentais freudianas.

Estabeleçamos dela um breve inventário. Os primeiros trabalhos com certeza são os mais instrutivos. Ponto de partida assegurado: a decifração do sintoma histérico que costuma revelar "um estúpido jogo de palavras". Assim, Freud pode empreender com segurança a interpretação dos sonhos. Não é análogo ao sintoma, um rébus, um jogo de palavras que utiliza como materiais privilegiados aqueles caídos sob a ameaça da amnésia? Sempre por analogia, os lapsos revelam seu enigma, depois o chiste. Freud assim opera uma série de sensacionais escorregões analógicos (verificados por sua clínica), apoiando-se a cada vez em finas semelhanças, quase sempre uma simples palavra. A fecundidade da operação é espantosa.

Mais tarde, a questão religiosa será abordada do mesmo modo. A analogia com a biologia dos monocelulares ajudará a enunciar *o Para além do princípio de prazer*, enfim o paralelo entre *Psicologia dos grupos e análise do eu*.

Mas eis, enfim, a utilização principal desse método singular: *a Ubertragung*, a transferência. Freud nos comunica essa descoberta essencial, ato de nascimento da psicanálise, nas últimas páginas dos *Estudos sobre a histeria*. Os sentimentos, os atos, as falas que o paciente efetua em sua cura são o análogo de outros, anteriores, esquecidos, ligados àquela fase primitiva de apego exclusivo ao núcleo genitor. De novo, portanto, um conjunto de fatos totalmente disjuntos: um comportamento atual em relação a uma pessoa estranha, o analista, e aquele que o paciente teve em circunstâncias radicalmente diferentes, afastadas pelo tempo e pelo espaço. É preciso ter topete para propor deduzir significantes de um a partir do outro, topete cuja razão Freud não nos dá – podia ele? Ele vai se desculpar mais tarde: "Não se pode evitar de aplicar ao material certas idéias abstratas que pegamos aqui ou ali e certamente não apenas na experiência atual[2]".

A mais bela ilustração do procedimento encontra-se provavelmente no artigo *O tema dos três cofrinhos*[3]. Freud utiliza duas peças de Shakespeare, uma comédia, *O mercador de Veneza*, e uma tragédia, *O Rei Lear*. Numa se encontra o episódio dos *três* cofrinhos, na outra, o das *três* filhas do rei Lear. A ocorrência do termo *três* basta a Freud para identificar suas significações.

Assim, o método "analógico" parece ocupar todo o campo freudiano, uma situação única no pensamento ocidental, com certeza uma das molas propulsoras da heterogeneidade da psicanálise no concerto cultural. Se essa disciplina tem má fama – apesar de sua notoriedade –, o uso sistematizado de uma metodologia sem crédito, rejeitada, vomitada por todo o nosso saber-viver filosófico talvez desempenhe um papel importante. Fato no entanto estranho, nenhum epistemólogo parece ter notado esse lugar da analogia no pensamento freudiano, nenhum crítico se apossou do argumento para fazer dele objeção de princípio, nem ressaltou a enormidade do fenômeno, cegueira universal que, certamente, tem todas as características do sintoma.

Freud não partilhava essa cegueira, ele conhecia a função desempenhada em sua iniciativa por essa analogia e levantava, ele, a objeção.

---

[2] S. Freud, *Pulsão e destino da pulsão* (1915), in S. E., vol. XIV.

[3] S. Freud, *Tema dos três cofrinhos* (1913), in S. E., vol. XII.

> "Porém há uma reserva a ser formulada quanto a essa tentativa. A analogia entre o tabu e a neurose obsessiva pode ser puramente exterior, referir-se apenas às manifestações sintomáticas, sem estender-se à natureza mesma delas. A natureza gosta de usar as mesmas formas para realizar as combinações químicas mais variadas, trate-se de bancos de corais ou de plantas, até mesmo de certos cristais ou de precipitados químicos. Seria, evidentemente, agir de maneira apressada e pouco eficaz concluir, da analogia das condições mecânicas, por uma afinidade de natureza. Mesmo levando em conta essa reserva, não devemos no entanto renunciar à comparação que acabamos de sugerir[4] ".

Freud não ignorava a objeção, mas com a mesma bela segurança, aqui como a cada vez que utilizou essa analogia, ele decidiu ir além, sem hesitação e... sem justificação.

Antes de prosseguir, torna-se necessário resolver um ponto de vocabulário. O termo "analogia" de fato não parece explicar a operação em jogo. Não se trata de uma simples comparação sugestiva, mas do transporte ativo de um campo para um outro. Como nosso vocabulário não parece possuir termo adequado para essa figura da lógica do significante, proponho forjar um termo, *transferência significante*, que leva em conta o mecanismo analítico principal.

O que é que justificava Freud nessa operação tão contrária a nossos usos demonstrativos? Com certeza o firme apoio de sua clínica. Mas ele mesmo sem cessar não repetiu que a clínica só toma consistência pelo questionamento que lhe é feito e que não provém "certamente da mera experiência atual"?

A justificação principal seria esta: Freud sempre relegou o uso da transferência significante, apesar do afastamento inicial dos âmbitos aproximados, a um único campo, o dos fatos humanos, dos fatos-efeitos da estrutura da linguagem. Raras superações desse campo, como a compara-

[4] S. Freud, *Totem e tabu*, in *S. E.*, vol. XIII.

ção incidente ao biológico no *Para além do princípio de prazer*, permanecem acessórias. Freud nunca transpôs, como ele evoca, dados do mundo mineral para a realidade psíquica. O recurso à analogia no estudo dos fatos humanos torna-se sustentável se forem efeitos de uma única estrutura; e, quando esses efeitos são idênticos (amnésia, ritual, etc), por que não inferir, no tempo de uma hipótese, que são produzidos pelos mesmos elementos dessa estrutura, a serem decifrados pela via mais praticável? Trata-se mesmo, então, de analogia?

Outra questão: de onde vinha a Freud essa inclinação, até mesmo essa paixão, de onde lhe vinha também sua incomparável virtuosidade no manejo da transferência significante?

Afirmemos sem meias palavras: do umbigo de seu pensamento, o que o liga à sua cultura de nascimento, o judaísmo – no que este tem de mais desconhecido. A transferência significante, isolada aqui com alguma pena, existe efetivamente como uma das operações fundamentais e das mais correntes do *Midrach*, a *gezera chava* ("mesmas regras"). Ou seja, dois versículos bíblicos V1 e V2, situados em qualquer ponto do texto, por exemplo o primeiro no Gênese, o segundo em Isaías. Esses dois versículos contêm a *mesma palavra* e nós possuímos um certo saber sobre essa palavra em V1. A *gezera chava* permite transferir esse saber de V1 para V2, sem nenhuma preocupação com o contexto ou a verossimilhança. Só contam as conexões de escrita observadas. Reencontramos a operação de Freud a respeito de "amnésia", "ritual", "infância"... Operação inaudita! Mas tão ilustrativa da espantosa iniciativa do *Midrach* antigo. Ela, aliás, assustou bem rápido as próprias autoridades rabínicas da Alta Idade Média, que decretaram dali por diante proibida toda nova *gezera chava* não considerada no Talmude. Assim, Freud à sua revelia suspendeu um interdito secular sobre essa figura lógica e, ao mesmo tempo, ampliou-lhe consideravelmente a aplicação.

Podemos ir além, verificando o quanto a comparação do judaísmo com a psicanálise se revela – reciprocamente – esclarecedora. Certas arestas essenciais e deixadas na sombra do judaísmo assumem um espantoso relevo graças à aquisição freudo-lacaniana; inversamente, uma prática do *Midrach* facilita a compreensão dos mecanismos significantes em jogo na análise.

Os especialistas do *Midrach* de fato consideram a *gezera chava* como generalização de outra operação interpretativa, a mais fundamental, a *semoukha*: dois versículos justapostos, seja qual for a heterogeneidade de sua significação aparente, possuem, para além desta, um vínculo lógico e podem ser lidos como um único enunciado. Exemplo: "Myriam morreu. O poço foi sangrado". A *semoukha* nos leva a deduzir que o fornecimento de água ao poço provinha do mérito de Myriam. Ela privilegia, portanto, as contigüidades, as conexões do texto e dá, assim, seu estilo ao Talmude.

Lembremos que essa regra foi considerada por certos rabinos como o princípio fundamental do judaísmo, até mesmo – por mais paradoxal e esquecido que pareça – critério do judeu que este carrega na sola de seus sapatos. Inútil repetir incessantemente que Freud retomou esse princípio tal como na *Traumdeutung*, transformado desde então em um dos melhores pontos de referência para o trabalho cotidiano do analista.

A *gezera chava* generaliza, portanto, a *semoukha*, esta última exigindo a contigüidade literal, por criação artificial de contigüidade, uma vez que dois enunciados possuem a mesma palavra. "Tiram-se" – expressão talmúdica aqui empregada –, extraem-se os versículos da ganga do contexto para justapô-los e operar a transferência.

Voltemos a Freud e constatemos que o princípio de interpretação segundo o qual "dois enunciados contíguos *a* e *b* devem se ler *ab*", a *semoukha* portanto, só faz prolongar, utilizar um dos dois mecanismos fundamentais do processo primário do inconsciente, a *Verschiebung* ou deslocamento[5].

Sabemos que o deslocamento desempenha em nosso psiquismo um papel decisivo. "É o meio do inconsciente mais próprio para enganar a censura[6]".

Se admitirmos essa tese fundamental, de que o inconsciente é o rastro, o aluvião depositado em nós pela linguagem, o deslocamento é con-

---

[5] O indício de que deslocamento e transferência eram entendidos por Freud nessa dimensão da transferência significante nos é fornecido, entre outros, por essa passagem de *Totem e tabu* (*S. E.*, vol. XSIII, p. 27): "Eu gostaria agora de colocar lado a lado dois exemplos da transferência [ou, como seria melhor dizer, o *deslocamento*] de uma proibição".

[6] J. Lacan, *l'instance de la lettre*, *Écrits*, Paris, Le Seuil, 1966.

cebido como o efeito de uma figura de retórica bem conhecida, que consiste em designar a totalidade de uma coisa por sua parte, pelo que lhe é contíguo: a metonímia.

O que nos ensina esse desvio, esse trançado de psicanálise e de Talmude?

Primeiro, uma percepção crescente da espantosa coerência da obra freudiana: a transferência significante provém da generalização ao conjunto da teoria analítica dos mecanismos de contigüidade e deslocamento – da mesma maneira que a *gezera chava* generaliza a *semoukha*. Só pudemos enunciar essa proposição graças ao modo de leitura "horizontal" preconizado – doravante qualificável de metonímico – e uma tal idéia só pôde vir a nós por termos sido introduzidos na leitura do Talmude. Sob esse ângulo, a obra inteira de Freud surge como uma imensa metonímia; é bom para um psicanalista ter-se deixado levar, ao menos uma vez, pela onda do texto.

Isto ainda: a *gezera chava* apresenta a vantagem de poder enunciar-se em termos matemáticos, precisamente na linguagem dos conjuntos. O que é preciso, portanto, tentar.

Sejam dois subconjuntos, pertencendo ao conjunto *A* da linguagem, estruturados por um certo número de operações lógicas. Se esses dois subconjuntos apresentam *uma* propriedade comum, podemos afirmar que ao menos uma operação também é comum a eles.

Exemplo: as lembranças de infância e as da histérica como conjuntos de que conhecemos uma propriedade comum, a amnésia. Que operação estruturante reconhecida vale para a infância? As experiências sexuais.

Seria esta a definição da transferência significante freudiana.

Até aqui, o maior benefício vem da luz trazida pelo judaísmo à psicanálise, mas o inverso também é verdadeiro.

Estamos aqui em medida, por exemplo, de responder a uma questão que coloquei em outra parte, a respeito do Talmude. Com efeito, este se apresenta, para o essencial do texto, como ilegível ao leitor "exterior", aquele que não entra inteiramente no jogo. A razão provém do caráter sistematicamente irrisório das questões tratadas, tiradas da vida cotidiana mais banal, da confecção das cabanas à menstruação. O que significa esse irrisório, que constituía para nós enigma? Um realismo levado a seus limites extremos, ao estado cru, em relação ao qual as minuciosas descrições balzaquianas se assemelham a flamejantes metáforas. O Talmude tira a sua singularidade de ser um exercício sistemático da metonímia.

Se guardarmos o ensino lacaniano de que a metonímia "opera por um metabolismo do gozo[7]", o estilo talmúdico não se reduz a um simples formalismo acadêmico, tornando-se homogêneo a seu projeto de constituir uma máquina textual desejante, que fornece ao sujeito que nela se inscreve, o judeu, o modo de usar de um gozo insubmersível.

O essencial do Talmude está nesse realismo extremo. Mas não sua totalidade. O resto é constituído de pequenos relatos, *machal*, bem mais desenvolvidos na literatura midráchica propriamente dita. O *machal* é assimilável à alegoria.

Não podemos aqui abrir a questão, tão essencial à literatura, sobretudo medieval, do estatuto da alegoria. Procede ela principalmente da metáfora ou da metonímia? Como uma se articula com a outra? Certamente, o *machal* busca principalmente um efeito de transferência significante, ele permanece, no Talmude, sobre o trilho metonímico.

O aprofundamento dessas questões seria de um interesse capital para penetrar mais adiante na literatura hebraica. Esta, com efeito, pode subdividir-se em duas grandes partes, que a maioria dos grandes teólogos judeus nos afirmaram estreitamente articuladas: Talmude, por um lado, Cabala pelo outro, de estilo radicalmente diferente. O realismo extremo de um se opõe às especulações mais vertiginosas da outra. O próprio estudo deles procede diferentemente: a abordagem temática, se é absurda para apreender o sal talmúdico, é inteiramente concebível para a Cabala. O domínio da metonímia num se opõe ao triunfo da metáfora na outra. Ora, a alegoria é a forma literária privilegiada da Cabala, do Zohar em particular. É ela o lugar onde a metonímia oscila e se faz metáfora?

---

[7] J. Lacan, *Radiophonie, Scilicet*, nº 2/3, Paris, Le Seuil, 1970.

Agradecimentos

Este livro é o produto de meu singular e cotidiano diálogo, ao longo dos anos 70, com Jacques Lacan.

Uma dívida particular liga-me, igualmente, a meus estudantes de Paris VIII, que, quarta-feira após quarta-feira nos anos 81-83, acompanharam, criticaram, enriqueceram sobretudo de trabalhos originais a minha elaboração. O mesmo reconhecimento vai para aqueles que me confiaram a responsabilidade de sua análise. Alguns, eles se reconhecerão, trouxeram, à sua revelia, importantes contribuições para este livro. Umas e outras verificaram plenamente o adágio talmúdico: aprende-se mais com os alunos que com os mestres.

Apresenta-se a ocasião para reparar um esquecimento. O primeiro esboço deste texto permitiu-me obter os diplomas necessários a meu título de psiquiatra. O professor J. M. Alby, a quem agradeço, quis assumir a direção universitária desses trabalhos e incentivá-los.

Minha gratidão vai também para Jean Guir, que desempenhou um papel precioso na publicação deste livro.

Companhia de Freud
editora

OBRAS PUBLICADAS

Psicanálise e Tempo
Erik Porge

Psicanálise e Análise do Discurso
Nina Leite

Letra a Letra
Jean Allouch

Mal-Estar na Procriação
Marie-Magdeleine Chatel

Marguerite ou "A Aimée" de Lacan
Jean Allouch

Revista Internacional nº 1
A Clínica Lacaniana

A Criança na Clínica Psicanalítica
Angela Vorcaro

A Feminilidade Velada
Philippe Julien

O Discurso Melancólico
Marie-Claude Lambotte

A Etificação da Psicanálise
Jean Allouch

Roubo de Idéias?
Erik Porge

Os Nomes do Pai em Jacques Lacan
Erik Porge

Revista Internacional nº 2
A Histeria

Anorexia Mental, Ascese, Mística
Éric Bidaud

Hitler – A Tirania e a Psicanálise
Jean-Gérard Bursztein

Littoral
A Criança e o Psicanalista

O Amor ao Avesso
Gérard Pommier

Paixões do Ser
Sandra Dias

A Ficção do Si Mesmo
Ana Maria Medeiros da Costa

As Construções do Universal
Monique David-Ménard

Littoral
Luto de Criança

Trata-se uma Criança – Tomos I e II
Congresso Internacional de Psicanálise e suas Conexões – Vários

O Adolescente e o Psicanalista
Jean-Jacques Rassial

— Alô, Lacan?
— É claro que não.
Jean Allouch

A Crise de Adolescência
Octave Mannoni e outros

O Adolescente na Psicanálise
Raymond Cahn

A Morte e o Imaginário na Adolescência
Silvia Tubert

Invocações
Alain Didier-Weill

Um Percurso em Psicanálise com Lacan
Taciana de Melo Mafra

A Fantasia da Eleição Divina
Sergio Becker

Lacan e o Espelho Sofiânico de Boehme
Dany-Robert Dufour

O Adolescente e a Modernidade – Tomos I, II e III
Congresso Internacional de Psicanálise e suas Conexões – Vários

A Hora do Chá na Casa dos Pendlebury
Alain Didier-Weill

W. R. Bion – Novas Leituras
Arnaldo Chuster

Crianças na Psicanálise
Angela Vorcaro

O Sorriso da Gioconda
Catherine Mathelin

As Psicoses
Philippe Julien

O Olhar e a Voz
Paul-Laurent Assoun

Um Jeito de Poeta
Luís Mauro Caetano da Rosa

Estética da Melancolia
Marie-Claude Lambotte

O Desejo do Psicanalista
Diana S. Rabinovich

Os Mistérios da Trindade
Dany-Robert Dufour

A Equação do Sonhos
Gisèle Chaboudez

Abandonarás teu Pai e tua Mãe
Philippe Julien

A Estrutura na Obra Lacaniana
Taciana de Melo Mafra

Elissa Rhaís
Paul Tabet

Ciúmes
Denise Lachaud

Trilhamentos do Feminino
Jerzuí Tomaz

Gostar de Mulheres
Autores diversos

Os Errantes da Carne
Jean-Pierre Winter

As Intervenções do Analista
Isidoro Vegh

Adolescência e Psicose
Edson Saggese

O Sujeito em Estado Limite
Jean-Jacques Rassial

O que Acontece no Ato Analítico?
Roberto Harari

A Clínica da Identificação
Clara Cruglak

A Escritura Psicótica
Marcelo Muniz Freire

Os Discursos e a Cura
Isidoro Vegh

Procuro o Homem da Minha Vida
Daniela Di Segni

A Criança Adotiva
Nazir Hamad

Littoral
O Pai

O Transexualismo
Henry Frignet

Psicose, Perversão, Neurose
Philippe Julien

Como se Chama James Joyce?
Roberto Harari

A Psicanálise: dos Princípios
Ético-estéticos à Clinica
W.R. Bion – Novas Leituras

O Significante, a Letra e o Objeto
Charles Melman

O Complexo de Jocasta
Marie-Christine Laznik

O Homem sem Gravidade
Charles Melman

O Desejo da Escrita em Ítalo Calvino
Rita de Cássia Maia e Silva Costa

O Dia em que Lacan me Adotou
Gérard Haddad

Mulheres de 50
Daniela Di Segni e Hilda V. Levy

A Transferência
Taciana de Melo Mafra

Clínica da Pulsão
Diana S. Rabinovich

Os Discursos na Psicanálise
Aurélio Souza

Littoral
O conhecimento paranóico

Revista Dizer - 14
A medicalização da dor

Neurose Obsessiva
Charles Melman

A Erótica do Luto
Jean Allouch

Um Mundo sem Limite
Jean-Pierre Lebrun

IMPRESSÃO

GRÁFICA MARQUES SARAIVA
Rua Santos Rodrigues, 240 - Estácio / RJ
Telefax: (21) 2502-9498